LIVE SIMPLY
bloom wildly

Kreative Ideen und Inspirationen
für die 4 Jahreszeiten

MIRIAM BUNSE | SABRINA DEBUS
JUDITH FRIETSCH | LENA HÖLTER

HEINEN
LOVEBRANDS

VIER KREATIVE KÖPFE,
VIER LEIDENSCHAFTEN,
VIER JAHRESZEITEN
UND EIN
GEMEINSAMES PROJEKT.

VORWORT

Bevor wir uns für dieses Buch zusammengefunden haben, hatte jede von uns den kleinen, heimlichen Wunsch, etwas Eigenes zu schaffen und jede hatte ihre eigene Leidenschaft: Judith das Gestalten, Miri das Fotografieren, Lena das Kochen und Sabrina die Liebe zu Texten. Am Anfang war alles also immer nur ein leiser Gedanke, ein abstraktes Bild. Durch den Austausch untereinander, ein paar Albernheiten und inspirierende Gespräche, fügten sich nach und nach alle Teile zusammen — erst zu einem Traum, der ganz weit weg schien, dann zu einer Ahnung von dem, was wir tatsächlich kreieren könnten, bis hin zur Wirklichkeit, die jetzt daraus geworden ist.

Mit Ausflugszielen, Fotografie-Tipps, DIYs und Rezepten in 3 verschiedenen Schwierigkeitsstufen wollen wir dich durch dein Jahr begleiten. Weil wir finden, dass jede Jahreszeit ihren eigenen Zauber besitzt und keine der anderen gleicht.

Wir sind also in einem Jahr zu vier Ausflugszielen in Deutschland gereist, da es nicht immer eine Fernreise sein muss, wenn man wunderschöne Orte sehen möchte. Wir waren in der Natur unterwegs, haben Blätter und Gräser gesammelt, wir haben Blumen getrocknet und Gläser aufbewahrt, um daraus einfache Bastelideen zu kreieren, die dir jede Jahreszeit verschönern sollen. Wir haben gekocht, abgeschmeckt, nachgewürzt und vor allem haben wir sehr viel gegessen. Unsere Kamera war immer mit dabei, wir haben tausende von Fotos geschossen, unsere Kreativität ausgelebt und unsere Tipps und Gedanken dazu liebevoll zu Papier gebracht. Das alles haben wir zu einem Buch zusammengefügt, das du gerne durchblätterst und mit dem du dich perfekt auf die Jahreszeiten einstimmen kannst.

Unter www.livesimply-bloomwildly.de findest du kostenlose Downloads, mit denen du einige DIYs verschönern kannst. Wir freuen uns riesig darüber, wenn du unsere Ideen ausprobierst und die Ergebnisse auf Instagram zeigst — verlinke uns dafür einfach mit @livesimply.bloomwildly und #livesimplybloomwildly.

Mit ganz viel Liebe ♡

Judith, Lena, Miri & Sabrina

01 Frühling

S. 010	Blumentöpfe gestalten
S. 012	Outdoor-Sitzbank bauen
S. 014	Fotografie-Tipp: Grundlagen
S. 016	Frühlingserwachen
S. 018	Dinkelvollkorn-Brötchen
S. 020	Süßer Hefezopf
S. 022	3 leckere Marmeladen
S. 024	Eier natürlich färben
S. 026	Geschenkidee: Glücksei
S. 028	Verfeinertes Omelett
S. 030	Salat mit Datteln und Ziegenkäse
S. 032	Langeoog
S. 038	Lachs aus dem Ofen

02 Sommer

S. 044	Sommerlicher Getränkekühler
S. 046	Schwimm- und Duftkerzen
S. 048	Fotografie-Tipp: lebendige Bilder
S. 050	Oh, diese Sommertage!
S. 052	3 Salatdressings
S. 054	Faltbrot mit Kräuterbutter
S. 056	Curry-Nudelsalat
S. 058	Dekorative Glasuntersetzer
S. 060	Windlichter und Kerzenhalter
S. 062	Selbstgemachte Burger
S. 064	Erdbeerkuchen
S. 066	Ein märchenhafter Ausflug
S. 072	Selbstgemachtes Eis

03 Herbst

S. 078	Ein neuer Anstrich
S. 080	Beutel bedrucken mit Blättern
S. 082	Fotografie-Tipp: Golden Hour
S. 084	Goldener Herbst
S. 086	3 cosy Heißgetränke
S. 088	Pilzrisotto
S. 090	Grünes und rotes Pesto
S. 092	Verwöhnendes Badesalz
S. 094	Cremige Kürbissuppe
S. 096	Flammkuchen mit Kürbisspalten
S. 098	Sächsische Schweiz
S. 104	Apfel-Streuselkuchen
S. 106	Brownies mit Walnüssen

04 Winter

S. 112	Memory Wall
S. 114	Papeterie in Marmoroptik
S. 116	Fotografie-Tipp: Bokeh-Effekt
S. 118	Kalte Wintertage
S. 120	Gnocchi in Thymian-Zitronenbutter
S. 122	Rinderrouladen in Tomatensud
S. 124	Geschenkidee: Vogelfutter
S. 126	Knalltüten für Silvester
S. 128	Raclette-Variationen: herzhaft
S. 130	Raclette-Variationen: süß
S. 132	Allgäu
S. 138	Dreierlei Keksteig
S. 140	3 Neujahrs-Power-Smoothies

"Spring adds
new life
and new beauty
to all
that is."

– Jessica Harrelson

[frühling]

An einem kalten Winterabend,
wenn die letzten Sonnenstrahlen dein Gesicht wärmen,
merkst du, dass sich etwas verändert.

Und dann erwacht die Natur – Tag für Tag – mehr zum
Leben. Wenn die Luft milder wird und endlich der
Frühling kommt, auf den du die ganze Zeit sehnsüchtig
gewartet hast, dann weißt du, dass jetzt
alles möglich ist.

Die Vorfreude auf den Frühling ist nach den langen, dunklen Wintermonaten wahrscheinlich die größte. Die Natur erwacht aus ihrem Schlaf und färbt alles in den unterschiedlichsten bunten Farben. Wir hören die ersten Vögel, die den Frühling früh am Morgen begrüßen. Wir sind voller Tatendrang und Motivation, wenn die Sonne sich nun öfter blicken lässt. Auch ein Regenschauer gehört irgendwie dazu, denn er wäscht die letzten Überbleibsel des Winters fort und lässt es überall herrlich duften. Jeden Tag ist es länger hell und wir sind öfter draußen. Wir schließen die Augen und atmen tief ein und aus, während die warmen Sonnenstrahlen unser Gesicht berühren. Wir können die Jacke zu Hause lassen und nehmen gerne eine kleine Gänsehaut in Kauf, wenn ab und zu ein kühler Wind weht, mit dem der Winter sich dann ganz verabschiedet. Wir freuen uns über die blühenden Bäume und schönen Blumen am Wegesrand. Essen das erste Eis des Jahres und genießen die Zeit mit dem Wissen, dass es ab jetzt draußen jeden Tag schöner wird und der Sommer ganz sicher kommen wird. Dass ein Jahr voller Möglichkeiten und Abenteuern vor uns liegt.

BLUMENTÖPFE GESTALTEN

DIY

Sind dir normale Tontöpfe manchmal zu langweilig oder hast du vielleicht noch alte Übertöpfe, die dir nicht mehr gefallen? Dann schnapp dir Farbe und Pinsel und lasse deiner Kreativität freien Lauf!

Und so geht's

Eine ganz einfache Variante, die Töpfe zu gestalten, ist, sie mit verschiedenen Sprüchen zu beschriften. Ob du sie vorher noch in einer anderen Farbe grundierst oder sie direkt beschriftest, ist dir überlassen. Übe die Schriftzüge am besten zuerst auf Papier und male sie dann vorsichtig mit Bleistift vor, bevor du sie mit einem Edding nachzeichnest.

Kleine Muster, z.B. Streifen und Punkte, oder Motive wie süße Wimpern oder Augen, kannst du ebenfalls ganz schnell und einfach mit einem Edding aufmalen.

Wenn du es gerne etwas bunter magst, kannst du die Töpfe mit Kreppband abkleben und sie bspw. nur zur Hälfte anmalen oder betupfen. Bei Tontöpfen mit Untertellern kannst du diese ebenfalls noch passend anmalen.

Du brauchst

Verschiedene Blumentöpfe
Edding
Acryl-Farben
Pinsel / Schwämmchen
Kreppband

Damit du die Töpfe beim Bemalen nicht in der Hand halten musst, kannst du sie verkehrt herum auf ein Trink-Glas stellen. So vermeidest du Fingerabdrücke auf der noch nassen Farbe und hast gleichzeitig beide Hände frei. Außerdem können die Töpfe dort direkt zum Trocknen stehen gelassen werden.

Was gibt es Schöneres, als die ersten warmen Tage im Jahr im Freien ausklingen zu lassen? Deine selbstgebaute Sitzbank macht deinen Balkon oder deine Terrasse zu einem Outdoor-Wohnzimmer, das du gar nicht mehr verlassen möchtest. Dazu ein kühles Getränk, ein paar leckere Snacks und deine Lieblingsmusik — schon ist die Entspannung perfekt!

Und so geht's

Suche dir einen schönen Platz für deine Bank — am besten an einer Wand oder in einer Ecke, damit du dich gemütlich anlehnen kannst.

Für die Sitzfläche werden die Dielen auf die gewünschte Länge gekürzt. Lege die vier Dielen nun nebeneinander auf den Boden und befestige sie mit Hilfe der Leisten miteinander. Dafür einfach die Holzleiste in gleich große Stücke sägen und mit etwas Abstand auf die Unterseite der Dielen nageln. Überlege dir vorher, an welchen Stellen die Steine stehen werden, damit später keine der Leisten im Weg ist.

Damit das Holz dem Wetter standhält und sich nicht zu sehr verzieht, solltest du es noch lasieren oder lackieren. Dafür gibt es unzählige Möglichkeiten und Farben im Baumarkt.

Nachdem die Lackierung getrocknet ist, kannst du die Sitzfläche auf die Steine legen, welche als Stützen dienen und gleichzeitig noch ein wenig Stauraum bieten. Eine passende Auflage und Kissen dazu — fertig ist dein neuer Lieblingsplatz!

Du brauchst

Säge, Hammer und Nägel
4 Schalungssteine
(ca. 50 cm x 25 cm)
4 Terrassendielen
(z.B. Kiefer, ca. 15 cm x 2 m)
Holzleiste (ca. 2 m lang)
Holzlack oder -lasur

OUTDOOR-SITZBANK BAUEN

S. No 13

DIY

Fotografie-Tipp
TECHNISCHE GRUNDLAGEN

Für die kreative Fotografie ist es nicht besonders wichtig, dass du die Technik perfekt beherrschst. Viel wichtiger ist, dass sie dir Spaß macht und du viel ausprobierst und experimentierst. Ein Verständnis der technischen Grundlagen der Fotografie ist dafür dennoch sehr hilfreich. Vor allem, wenn du dich aus dem Automatikmodus heraustrauen und komplett manuell fotografieren möchtest. Hier findest du die wichtigsten Kamerafunktionen und ihr Zusammenspiel einfach erklärt auf einen Blick.

Die Blende

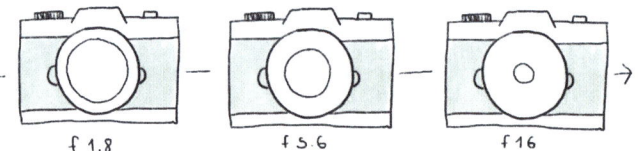

Kleine Blendenzahl = große Öffnung, viel Licht, unscharfer Hintergrund

Hohe Blendenzahl = kleine Öffnung, wenig Licht, scharfer Hintergrund

Die Blende ist ausschlaggebend für den Look deiner Fotos. Mit Hilfe der Blende erreichst du z.B. den beliebten Bokeh-Effekt bzw. eine geringe Tiefenschärfe. Dabei gilt: Je kleiner die Blendenzahl, desto weniger Tiefenschärfe. Möchtest du also Portraits oder Nahaufnahmen knipsen, bei denen der Hintergrund unscharf ist, musst du die Blendenzahl sehr niedrig einstellen. Möchtest du eine Gruppe oder Landschaften fotografieren, ist eine höhere Tiefenschärfe von Vorteil. Eine kleine Blendenzahl bedeutet übrigens eine offene Blende. Das heißt, dass viel Licht auf den Sensor der Kamera trifft und das Bild somit heller wird. Mit einer hohen Blendenzahl verhält es sich genau umgekehrt. Die Helligkeit des Fotos kannst du mit der Belichtungszeit und ISO-Zahl wieder ausgleichen.

Die Belichtungszeit

Wie der Name schon verrät, stellst du mit der Belichtungszeit (bzw. Verschlusszeit) ein, wie lange dein Bild belichtet wird. Je länger das Bild belichtet wird, desto heller wird es. Dabei ist zu beachten, dass diese Zahl auch Einfluss darauf hat, ob dein Foto scharf wird oder ggf. verwischt. Das heißt, dass du bei Bewegungen eine möglichst kurze Belichtungszeit einstellen solltest, die den Moment „einfriert". Ansonsten besteht die Gefahr, dass das ganze Bild oder Bereiche des Bildes unscharf werden. Erhöhe in dem Fall also lieber etwas den ISO-Wert, um das Bild heller einzustellen, anstatt eine längere Belichtungszeit zu wählen. Möchtest du allerdings fließende Effekte erzeugen, wie z.B. fließendes Wasser, ist eine lange Belichtungszeit sehr von Vorteil. Dabei kommst du eventuell nicht drumherum, die Kamera auf ein Stativ o. Ä. zu stellen, da das Fotografieren aus freier Hand sonst ebenfalls zu Verwacklungen führen kann.

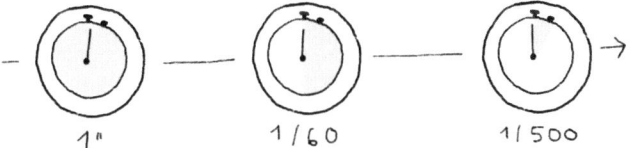

Lange Belichtungszeit = fließende Bewegungen, viel Licht, Gefahr: Verwacklung

Kurze Belichtungszeit = eingefrorene Bewegungen, wenig Licht

Die ISO

Mit dem ISO-Wert hast du ebenfalls die Möglichkeit, die Helligkeit deines Fotos einzustellen. Generell gilt: Halte den ISO-Wert so klein wie möglich, da ein hoher Wert für ein unschönes Rauschen auf deinen Bildern sorgt. Erst wenn es durch die Umstände nicht mehr möglich ist, das Bild durch Blendenzahl und Belichtungszeit hell genug einzustellen, kannst du den ISO-Wert anpassen. Bei neuen Kameras ist die Toleranz, bis es zu einem Rauschen kommt, mittlerweile sogar recht hoch.

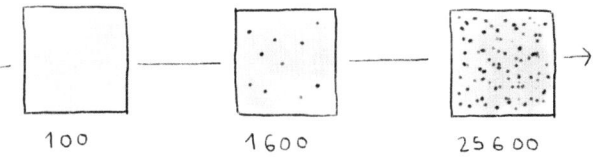

Geringer ISO-Wert = niedrige Lichtempfindlichkeit, für draußen bzw. bei guten Lichtverhältnissen, geringes Bildrauschen

Hoher ISO-Wert = hohe Lichtempfindlichkeit, für drinnen bzw. bei schlechten Lichtverhältnissen, hohes Bildrauschen

Am wichtigsten ist jedoch: Lass dich von den vielen Zahlen und Fachbegriffen nicht einschüchtern und probiere ganz viel aus. Geh in die Natur und fotografiere alles, was dir vor die Linse kommt. Experimentiere dabei mit den verschiedenen Einstellungen und du wirst schnell verstehen, wie die Funktionen miteinander zusammenspielen. Je mehr du fotografierst, desto intuitiver und besser wird deine Technik und dein Verständnis. Irgendwann funktioniert das ganz nebenbei und du musst dich nur noch auf's Motiv konzentrieren.

Viel Spaß beim Ausprobieren!

FRÜHSTÜCK

Eine leckere Mahlzeit, die dich gemütlich mit deinen Liebsten in den Tag starten lässt.

Frühlingserwachen

Der Frühling bedeutet für uns: Neuanfang. Natürlich ist das Jahr schon um einige Wochen verstrichen. Einige Wochen, in denen wir unsere Vorsätze schon längst umsetzen und uns einige Wünsche erfüllen wollten, es aber einfach nicht geschafft haben. Vielleicht sollten wir uns nicht darüber ärgern. Vielleicht brauchen wir einfach etwas länger, um aus dem Winterschlaf zu erwachen, müssen uns erst noch einmal im warmen Bett umdrehen und uns genüsslich strecken, bevor wir loslegen können. Und wenn die Welt um uns herum zu neuem Leben erblüht und die Sonne uns gute Laune schenkt, packen uns Motivation und Tatendrang, um etwas zu verändern. Passend zum Neuanfang und Erwachen haben wir das Frühlingskapitel unserer liebsten Mahlzeit des Tages gewidmet — dem Frühstück. Nimm dir Zeit, um mit deinen Liebsten perfekt in den Tag zu starten und genieße mit ihnen den Sonntagmorgen oder einen der vielen Feiertage.

Zutaten

500 g	Dinkelmehl
250 g	Dinkelvollkornmehl
500 ml	warmes Wasser
1 Pck.	Trockenhefe
1 TL	Zucker
1 Prise	Salz
1	Eigelb

Toppings

Wir empfehlen dir Kürbis- oder Sonnenblumenkerne, Mohn und Sesam — generell sind dir natürlich keine Grenzen gesetzt. Wenn es auch mal herzhaft sein darf, verfeinere die Brötchen z.B. mit Käse.

Und so geht's

Beide Mehlsorten mit einer Prise Salz in eine große Rührschüssel geben.

500 ml lauwarmes Wasser mit dem Zucker und der Hefe gut vermengen und für ca. 5 Minuten beiseite stellen.

Die Wasser-Hefemischung in die Schüssel zu dem Mehl geben und alles für 10 Minuten zu einem glatten Teig kneten. Mit einem Küchenhandtuch abdecken und an einem warmen Ort für 2 Stunden gehen lassen.

Den Ofen auf 180 °C Umluft vorheizen.

Danach aus dem Teig Brötchen formen, mit Eigelb bepinseln und nach Belieben mit verschiedenen Toppings garnieren.

Nun die Brötchen ca. 10 — 15 Minuten im vorgeheizten Ofen backen lassen. Schaue zwischendurch immer mal wieder in den Ofen, damit sie nicht zu dunkel werden.

Ersetze das Eigelb einfach durch einen Pflanzendrink. So kannst du die Brötchen auch vegan genießen.

Leckere Dinkelvollkorn-Brötchen zum Frühstück

Zubereitung *2 h 30 min* / Menge *12 – 15 Stück*

Stufe 2

Zutaten

500 g	Weizenmehl
250 ml	Milch
125 g	Butter
100 g	Zucker
1 Pck.	Trockenhefe
1	Eigelb
50 g	gehobelte Haselnüsse

Und so geht's

Die Milch in einem Topf lauwarm erhitzen, dann mit dem Zucker und der Hefe gut verrühren und für 5 – 10 Minuten zur Seite stellen. Achte bei der Milch darauf, dass sie wirklich nur lauwarm ist – sie darf nicht kochen.

Das Mehl in eine große Rührschüssel geben, die Milch-Hefemischung und die Butter hinzufügen und nun gut kneten, bis ein glatter Teig entsteht.

Den Teig mit einem Küchenhandtuch abdecken und 2 Stunden gehen lassen. Danach sollte der Teig ungefähr die doppelte bis dreifache Größe erreicht haben. Dann den Teig noch einmal gut durchkneten und in 3 gleich große Stränge aufteilen.

Den Backofen auf ca. 170 – 180 °C Ober- & Unterhitze vorheizen.

Jetzt muss der Zopf nur noch geflochten, mit Eigelb bestrichen und mit den Haselnüssen dekoriert werden.

Für gute 30 Minuten im Ofen backen, bis der Zopf goldbraun ist.

Für die vegane Variante Milch und Butter durch pflanzliche Alternativen ersetzen und den Zopf mit etwas Pflanzendrink bepinseln.

Süßer Hefezopf mit gehobelten Haselnüssen

Zubereitung 2 h 30 min / Menge 1 Zopf

Stufe 2

leckere Marmeladen

Zubereitung *15 min* / Menge *je 4 – 6 Gläschen*

Stufe 1

ERDBEERE

1 kg	Erdbeeren
335 g	Zucker
2 EL	Limettensaft

APRIKOSE

1 kg	Aprikosen
350 g	Zucker

HIMBEERE

1 kg	Himbeeren
335 g	Zucker
1	Vanilleschote

Und so geht's

Die Früchte waschen, klein schneiden, die Aprikosen entsteinen und alles jeweils mit den dazugehörigen Zutaten in einen Kochtopf geben und bei mittlerer Hitze 10 – 15 Minuten auf dem Herd köcheln lassen. Zwischendurch immer mal umrühren, damit der Zucker nicht anbrennt. Wenn alles weich gekocht ist, kann die Marmelade direkt im Topf püriert werden.

Für eine längere Haltbarkeit sollte sie dann direkt im Anschluss in verschließbare Gläser abgefüllt werden. Stelle diese nun für ca. 5 – 10 Minuten auf einem Tuch auf den Kopf und schon bist du fertig!

EIER NATÜRLICH FÄRBEN

DIY

Knallbunte Ostereier gibt es überall — doch hast du auch schon mal welche auf natürliche Weise eingefärbt? Mit Kräutern und Blumenmustern passen sie wunderbar zum Frühling.

Und so geht's

Um schöne, kräftige Farben zu erhalten, benutze am besten weiße Eier und wasche sie am Anfang mit etwas Essigwasser ab. Alternativ kannst du auch 1 — 2 EL Essig mit ins Kochwasser geben, dann nimmt die Schale die Farbe besser an. Damit die Eier schön glänzen, kannst du sie nach dem Einfärben noch mit etwas Öl einreiben.

Für grüne, gelbe und blaue Eier kocht man diese jeweils mindestens 10 Minuten in 1,5 Liter Wasser. Für die grüne Farbe gibst du 500 Gramm gehackten Spinat ins Wasser. Die gelbe Färbung erhältst du, indem du 1 — 2 Esslöffel Currypulver mit ins Wasser gibst und die blaue Farbe, indem du Blaubeeren zerdrückst und diese ebenfalls mitkochst. Passe hier gut auf und lege eventuell etwas unter, da die Farbe der Blaubeeren oft schwer aus Oberflächen und Textilien rauszubekommen ist. Für die rotbraune Farbe benutzt du ca. 70 Gramm rote Zwiebelschalen und kochst diese ebenfalls mindestens 10 Minuten mit den Eiern.

Du brauchst

Weiße Eier
Blattspinat
Currypulver
Blaubeeren
Rote Zwiebelschalen
Kräuter oder Blüten
Seidenstrümpfe
Etwas Öl und Essig

Wenn du die Eier verzieren möchtest, kannst du Blätter, Kräuter oder Blüten auf ein ungekochtes Ei legen, es in einen Nylonstrumpf stecken und diesen zubinden. Die Fläche der Blätter und Blüten bleiben nach dem Kochen weiß. Wenn du die Strümpfe mit einem großen Knoten schließt, bekommen die Eier durch die Falten einen schönen Batik-Effekt.

Wer zaubert anderen nicht gerne ein Lächeln auf die Lippen? Falls du zu einem Oster-Frühstück einlädst, haben wir ein kleines DIY für dich, mit dem du deinen Gästen eine kleine Freude machen kannst. Das Glücksei — die Ostervariante des allseits beliebten Glückskeks.

Und so geht's

Piekse vorsichtig ein Loch mit einem spitzen Gegenstand in die Ober- und Unterseiten der Eier, blase das Innere vorsichtig aus und spüle sie anschließend mit etwas Wasser durch.

Die Eier kannst du nun nach deinem Belieben mit Mustern oder Botschaften bemalen und verzieren. Hier sind deiner Kreativität keine Grenzen gesetzt.

Tipp: Stecke die Eier zum Anmalen vorsichtig auf einen Stab oder das Ende eines Pinsels. So musst du sie dabei nicht in den Händen halten, kannst sie gut drehen und anschließend besser trocknen lassen.

Wenn die Eier sowohl von innen als auch von außen getrocknet sind, kannst du sie mit deinen zusammengerollten Glücksbotschaften befüllen und auf deinem Frühstückstisch platzieren.

Du brauchst

Rohe Eier
Farbe
Edding
Pinsel
Einen spitzen Gegenstand
Glücksbotschaften

 Hier kannst du dir die Botschaften direkt ausdrucken:
www.livesimply-bloomwildly.de/downloads

DAS GLÜCKSEI

S. No 27

DIY

Zutaten

10	Eier
1	Paprika (orange)
½	kleine rote Zwiebel
etwas	Butter
	Gartenkräuter
	Salz, Pfeffer

Unser Tipp

Statt Paprika kannst du auch Tomaten verwenden und frischen Basilikum hinzufügen.

Und so geht's

Die Paprika waschen und zusammen mit der Zwiebel ganz klein und fein schneiden oder in einen Zerkleinerer geben.

Die Eier aufschlagen und in einer Rührschüssel mit etwas Salz und Pfeffer gut vermengen.

Etwas Butter in der Pfanne zerlassen und die Eier auf mittlerer Stufe anbraten. Damit das Omelett besonders fluffig wird, hilft ein Schuss Milch oder Mineralwasser mit Sprudel.

Verfeinere dein Omelett mit Gartenkräutern, wie Schnittlauch oder Petersilie.

Das Omelett wird nun mit der Paprika und den Zwiebeln auf einem Teller garniert und schon ist es fertig.

Statt des Omeletts kannst du auch einen veganen „Rühr-Tofu" machen. Dazu einfach Natur-Tofu mit den Händen zerbröseln, würzen und mit den restlichen Zutaten und etwas Pflanzendrink in der Pfanne anbraten.

Verfeinertes Omelett mit Paprika und Gartenkräutern

Stufe 1

Zubereitung *10 min* Menge *4 Portionen*

S. No 29

Kochen

Zutaten

500 g	frischer Blattspinat
1	roter Kopfsalat
250 g	kleine Tomaten
½	Gurke
2	Paprika
150 g	Ziegenkäserolle
8	getrocknete Datteln
1 Handvoll	Sonnenblumenkerne

Und so geht's

Das Gemüse und den Salat waschen und etwas abtropfen lassen.

Die Tomaten vierteln, die Paprika in kleine Würfel schneiden und die Gurke mit einem Sparschäler oder einer Gemüsereibe in längliche Streifen hobeln.

Den Ziegenkäse in etwa 2 – 3 cm dicke Scheiben schneiden und von beiden Seiten in einer Pfanne goldbraun anbraten.

Datteln und Sonnenblumenkerne in einer Pfanne unter mittlerer Hitze rösten.

Bei den Sonnenblumenkernen besonders aufpassen, da sie schnell braun werden. Sobald sie leicht geröstet sind, können sie aus der Pfanne genommen werden.

Salat und Gemüse miteinander vermischen und mit Ziegenkäse, Datteln und den Sonnenblumenkernen garnieren.

Ein paar Dressings, die perfekt zum Salat passen, findest du auf Seite 52.

Salat mit gebratenen Datteln, Ziegenkäse und gerösteten Sonnenblumenkernen

Stufe 2

Zubereitung *20 min* / Menge *1 Schüssel*

Salate

Weißer, feiner Sand.
Meeresrauschen.
Wind in den Haaren.
<u>Wunderschöne</u>
leuchtende Sonnenuntergänge
und pure Entspannung.

Visit Germany

LANGEOOG

Man fährt viel zu selten ans Meer. Um so richtig in Frühlingsstimmung zu kommen, haben wir uns also auf die Reise gemacht — an einen Ort, der einem Ruhe bringt und Kraft für die kommenden Monate schenkt. So kamen wir durch einen Freund auf seine Heimatinsel Langeoog.

Von Münster aus ging es für uns an einem Freitagvormittag los. Mit dem Auto haben wir ca. 2,5 Stunden bis zum Küstenort Bensersiel gebraucht. Dort kann man entweder direkt am Anleger oder wenige Minuten entfernt auf einem etwas günstigeren Parkplatz parken. Unsere Tickets für die etwa einstündige Überfahrt mit der Fähre haben wir direkt vor Ort gekauft (Hin- und Rückfahrt rund 25 € p.P.).

Da es so schön sonnig war, haben wir uns direkt nach oben ins Freie gesetzt, konnten das Meer betrachten und uns den Wind durch die Haare pusten lassen. Es war wie eine Fahrt in eine andere Welt — mit dem Ablegen der Fähre ließen wir auch unseren Alltag hinter uns. Sofort waren wir in Urlaubsstimmung und irgendwie entspannter.

Auf Langeoog angekommen, wartete schon die Inselbahn auf uns — eine kleine, bunte Eisenbahn, die die Besucher zur Ortsmitte bringt (die Fahrt ist im Fährticket enthalten). Da Langeoog autofrei ist, lässt sich eigentlich alles von dort zu Fuß oder mit dem Fahrrad erreichen und man muss sich keine Gedanken machen, wie man von A nach B kommt.

Angekommen in dieser kleinen, anderen Welt schien die Zeit ein wenig stehen zu bleiben und der Stress des Alltags wie weggeblasen.

Ein Ort, um so richtig die Seele baumeln zu lassen

Glücklicherweise konnten wir bei einem Freund von uns übernachten. Auf Langeoog gibt es aber natürlich auch sehr viele süße Pensionen und Airbnbs, die man mieten kann. Nachdem wir unsere Sachen also in unserem Zimmer abgestellt hatten, ging es für uns erst einmal auf Entdeckungstour. In der Ortsmitte mit den rot gepflasterten Straßen findet man einige kleine Läden, eine Buchhandlung, Lebensmittelgeschäfte und viele Restaurants. Vorbei am Wasserturm, dem Wahrzeichen von Langeoog, ging es für uns Richtung Promenade, wo wir schon von Weitem die bunten Häuschen sehen konnten, die verschiedene kulinarische Angebote zu bieten haben. Nach einem Kaffee und einem Stück Kuchen sind wir dann direkt zum Strand gegangen, der auch von überall ganz schnell erreichbar ist.

Über 14 km erstreckt sich der wunderschöne Strand mit weißem, feinen Sand. Egal, ob man in einem der bunten Strandkörbe dem Meer lauscht oder einen langen Spaziergang macht, hier kann man die Seele so richtig baumeln lassen und den Alltag vergessen.

Sollte das Wetter nicht so gut sein wie bei uns, hat man trotzdem viel Auswahl, um die Zeit gut zu nutzen. Es gibt z.B. ein Meerwasser-Erlebnisbad, ein kleines Inselkino, verschiedene Angebote für Sport und Wellness, oder man schaut sich eins der vielen Museen an.

Da wir auch am zweiten Tag super schönes Wetter hatten, haben wir uns direkt zwei Fahrräder geliehen (das ist an jeder Ecke möglich und die Auswahl ist riesig). Mit den Rädern ging es Richtung Melkhorndüne, von der man einen wunderschönen Ausblick über die Dünen, die Landschaft und das Meer genießen kann. Fährt man die Straße noch weiter entlang zum Ostende, kommt man zur Jugendherberge von Langeoog und zu einer Gaststätte, der Meierei. Die Fahrt dorthin dauert mit dem Rad von der Ortsmitte ca. eine halbe Stunde. Sollte es sehr windig sein, kann man sich auch E-Bikes leihen – auch wenn alles eben ist, kann sich das mit Gegenwind so anfühlen, als würde man den höchsten Berg erklimmen wollen.

N 53° 44' 27.134" O 7° 29' 9.3"

S. No 35

Traumhafte Landschaft bei Wind und Sonnenuntergang

Unser absolutes Highlight waren auf jeden Fall die Sonnenuntergänge, die wir am Strand bewundern konnten. Wir haben uns die Fahrräder geschnappt und sind, ebenfalls wieder Richtung Melkhorndüne, etwas weiter rausgefahren. Auf dem Pirolatalweg fährt man zwischen riesigen Dünen entlang und sieht außer der hügeligen Landschaft neben und dem Himmel über sich nichts anderes und hat das Gefühl, die Welt in diesem Augenblick ganz für sich selbst zu haben.

Je weiter man rausfährt, desto unberührter und leerer sind auch die Strände. Wir waren also fast alleine und konnten den Anblick ganz für uns genießen. In der Zeit vor und während des Sonnenuntergangs habt ihr auch für Fotos das schönste Licht. Ein paar Tipps zur Fotografie während der „Golden Hour" findet ihr auf Seite 82.

Wenn das Wasser den Himmel spiegelt, alles eine große Leinwand zu sein scheint und die Wolken atemberaubende Formationen bilden, möchte man einfach nur dastehen und den perfekten Moment genießen.

Am Sonntagmittag ging es für uns dann wieder zurück in die Heimat. Langeoog hat uns auf jeden Fall verzaubert und wir freuen uns schon auf den nächsten Besuch, bei dem wir den Alltag mal kurz pausieren lassen und einfach durchatmen können.

SUNDOWN

S. No 37

Zutaten

2 Stk.	Lachsfilet à 200 – 250 g
200 g	grüner Spargel
1	Zitrone
1	Knoblauchzehe
etwas	Olivenöl
	Dill
	Balsamico
	Salz, Pfeffer
	Chiliflocken

Und so geht's

Den Ofen auf 180 °C vorheizen.

Den frischen Lachs mit Wasser abwaschen und vorsichtig mit einem Küchentuch abtupfen.

Die gewaschene Zitrone in Scheiben schneiden. Den Knoblauch ebenfalls in feine Scheiben schneiden oder in kleine Würfel hacken.

Eine beliebige Backform mit Olivenöl einpinseln, die Hälfte der Zitronenscheiben und des Knoblauchs sowie etwas Dill dazugeben.

Dann den Lachs in die Form legen, mit etwas Öl beträufeln und die restlichen Zitronen- und Knoblauchscheiben sowie nochmals Dill darauf verteilen.

Das Ganze nun für 10 – 15 Minuten im Ofen bei 180 °C backen.

Den grünen Spargel gut waschen und die helleren Enden abschneiden. Mit etwas Balsamico und Olivenöl in einer Pfanne anbraten und mit Zitronensaft, Salz und Pfeffer würzen.

Den fertig gegarten Fisch mit dem Spargel auf einem Teller anrichten und mit ein paar Chiliflocken bestreuen.

Statt Lachs kannst du für eine vegane Variante eine Süßkartoffel in 1 – 2 cm dicke Scheiben schneiden, mit etwas Pflanzenöl in der Pfanne anbraten und mit Salz, Pfeffer und etwas Chili würzen.

Lachs aus dem Ofen mit grünem Spargel

Zubereitung *35 min* / Menge *2 Portionen*

Stufe 3

Kochen

"EVERYTHING GOOD,
EVERYTHING MAGICAL
HAPPENS BETWEEN THE MONTHS
OF JUNE AND AUGUST."

— JENNY HAN

[sommer]

S. No 41

Wenn es jeden Tag wärmer wird
und die Sonne uns längere Tage schenkt.
Wenn du abends draußen bist und die Zeit vergisst
und die Sterne heller als je zuvor leuchten.

Dann merkst du, dass der Sommer kommt.
Du atmest tief ein und aus.
Genießt den Moment.
Das Hier und Jetzt.

Es sind die warmen Tage, an denen wir uns am lebendigsten fühlen. Wir haben mehr Tatendrang und Energie, da die Tage im Sommer die längsten des Jahres sind. Wir wollen am liebsten die ganze Zeit draußen sein und müssen uns nicht dazu zwingen, etwas zu unternehmen, weil einfach alles danach ruft. Die Luft riecht nach Abenteuern und Lagerfeuer. Wir genießen die Sonne und die Gesellschaft unserer Liebsten. Wenn die Sonne ihren höchsten Stand erreicht hat und der längste Tag des Jahres anbricht, hast du das Gefühl, dass du alles schaffen kannst. Und wenn du nachts die Sterne anschaust, möchtest du die Zeit anhalten und den Moment für die Ewigkeit einfrieren.

SOMMERLICHER GETRÄNKEKÜHLER

DIY

Im Sommer möchte man am liebsten die ganze Zeit im Freien verbringen. Als Deko für deine eigene Sommerparty oder auch als Mitbringsel für Freunde, zeigen wir dir, wie du einen wunderschönen Getränkekühler selber machen kannst.

Und so geht's

Bevor du loslegst, prüfe am besten einmal, ob dein Eimer in dein Gefrierfach passt! Da wir in mehreren Schritten einfrieren (damit die Blumen nicht nur an der Oberseite zu sehen sind), plane auf jeden Fall genug Zeit ein und beginne mit dem ersten Schritt ca. 3 – 4 Tage bevor du den Eiskühler brauchst.

Fülle zunächst den Boden des Eimers mit Wasser und ein paar Blumen und stelle ihn über Nacht ins Gefrierfach. Am nächsten Tag kannst du den Behälter, der etwas größer ist als die Weinflasche, auf das Eis stellen, ihn mit Steinen beschweren und den Zwischenraum wieder mit Blumen und Wasser füllen – diesmal ca. bis zur Hälfte des Eimers.

Diesen Schritt wiederholst du am darauffolgenden Tag noch einmal. Sollten am Ende noch Blütenblätter aus dem Eis herausschauen, kannst du dir überlegen, noch eine letzte, kleine Schicht Wasser als Abschluss aufzugießen.

Wenn es gefroren ist, kannst du das Eis aus dem Eimer lösen. Lasse dazu etwas warmes Wasser über die Plastikgefäße laufen.

Auch wenn sich der Eiskühler für einige Stunden hält, solltest du ihn auf einen tiefen Teller oder ein Tablett stellen, damit das Wasser direkt aufgefangen wird.

Du brauchst

1 kleinen Eimer oder Schüssel
1 kleineren Behälter, in den die Weinflasche passt
Etwas zum Beschweren
Wasser
Blumen
Gefrierfach

So schön die Abendstunden draußen auch sein können, werden wir doch oft durch Mücken gestört. Damit ihr nicht direkt ins Haus flüchten müsst, haben wir ein DIY für schöne Schwimmkerzen, die nicht nur hübsch aussehen, sondern gleichzeitig noch die Mücken fernhalten.

Und so geht's

Entferne die Dochte der Teelichter und schmelze das Wachs in einer Metallschüssel im Wasserbad. Gib dann ein paar Tropfen des Öls hinein. Mücken mögen diesen Geruch nicht und bleiben dir fern, wenn du die Kerzen anzündest.

Halbiere eine oder mehrere Zitronen, presse und höhle diese anschließend aus. Den Zitronensaft kannst du aufbewahren und später noch für ein Rezept verwenden oder zum Beispiel deinen Wasserkocher damit entkalken. Lege die Ausstechformen auf Backpapier und platziere jeweils einen Docht in der Mitte.

Du brauchst

Teelichter
Schöne Ausstechformen
Topf und Metallschüssel
(zum Schmelzen)
Ätherisches Citronella-Öl
Zitronen

Gieße nun das flüssige Wachs (eventuell mit Hilfe eines Trichters) in die Zitronenhälften und die Ausstechformen.

Wenn das Wachs abgekühlt ist, kannst du die Kerzen vorsichtig aus den Formen lösen und in einer großen Glasschüssel schwimmen lassen. Damit es noch schöner aussieht, haben wir noch ein paar Blüten in das Wasser gelegt, die sich dort auch einige Tage halten.

SCHWIMM- UND DUFTKERZEN

S. No 47

DIY

HAPPINESS LIVES
INSIDE OF THE
SMALLEST MOMENTS.

Fotografie-Tipp
LEBENDIGE BILDER

Wenn du Fotos in Magazinen oder in deiner Instagram-Timeline anschaust, ist dir bestimmt auch schon aufgefallen, dass du bei emotionalen Bildern viel eher hängen bleibst, als bei gestellten und künstlichen Fotos. Es sind eher die vermeintlichen Schnappschüsse, die uns berühren und die die meisten Gefühle transportieren. Ein herzliches Lachen, eine Pirouette, wehende Haare, ein Tanz im Regen — das alles erzählt eine Geschichte und unterscheidet die Fotos von inszenierten und posierten Aufnahmen.

Die besten Posen in der Fotografie sind für uns also diejenigen, die eigentlich gar keine sind. Verstellt euch nicht — erzählt euch viel lieber witzige Anekdoten, bei denen ihr herzlich lachen müsst, lauft auf die Kamera zu, balanciert, tanzt, dreht euch im Kreis oder schwingt die Haare. Kurz gesagt: Bringt Bewegung und Dynamik ins Spiel! Vielleicht machst du dafür viele Fotos, die man nicht mehr gebrauchen kann, aber für die Ergebnisse, die am Ende etwas geworden sind, lohnt es sich. Und das Wichtigste: Diese Art von Shootings bringen den meisten Spaß!

Darauf solltest du bei deiner Kamera-Einstellung achten:

Um diese Momente auch scharf einfangen zu können, ist die richtige Einstellung der Belichtungszeit sehr wichtig (eine genauere Erklärung dazu findest du auf Seite 15). Diese sollte sehr kurz eingestellt werden (z.B. 1/600), damit das Licht nur kurz auf den Sensor deiner Kamera gelangt. Somit kannst du Bewegungen einfrieren und es besteht nicht die Gefahr, dass die Bilder verwackeln.

FREUDENTANZ

Wenn die Sonne strahlt und das Leben perfekt ist.

Oh, diese Sommertage!

Der Sommer bedeutet für uns: Leben. Wir können die warmen Sonnenstrahlen genießen und uns abkühlen, wenn die Hitze unerträglich wird. Im lang ersehnten Sommerregen tanzen und Sommergewittern zuschauen. Wir können den ganzen Tag im Garten verbringen, barfuß laufen und selbstgemachtes Eis essen. Wir können Sommerfeste feiern und die schöne Zeit mit unseren Freunden verbringen, gemeinsam am Lagerfeuer unter dem Sternenhimmel sitzen, den Abend genießen und über die besten Geschichten lachen, bis unser Bauch wehtut. Wenn wir gar nicht merken, wie schnell die Zeit vergeht und wir einfach stehen bleiben, tief ein- und ausatmen, in den Himmel schauen und großes Glück verspüren. Wir uns klein fühlen. Klein, aber trotzdem als Teil eines großen Ganzen. Dann fühlen wir uns lebendig und frei.

Und wenn du mal keine Lust hast, nach draußen zu gehen, sag dir selbst: Der Herbst kommt ganz bestimmt und bietet dir genug Möglichkeiten, die nächste Netflix-Serie zu schauen. Geh raus und lebe! Sammle Erinnerungen und spannende Abenteuer. Die Zeit ist genau jetzt.

Salatdressings

Zubereitung 5 min / Menge *für 1 große Schüssel*

Stufe 1

KLASSISCH
Kräuterdressing

2 EL	Olivenöl
1 EL	Fruchtessig
1 EL	Ahornsirup
1 EL	Zitronensaft
	Gartenkräuter deiner Wahl
	Salz, Pfeffer

FRUCHTIG
Erdbeervinaigrette

125 g	Erdbeeren
2 EL	Olivenöl
2 EL	Agavendicksaft
1 EL	Zitronensaft
	Salz, Pfeffer

WÜRZIG
Honig-Senf-Dressing

2 EL	Olivenöl
2 EL	Apfel-Essig
1,5 TL	mittelscharfer Senf
1 EL	Zitronensaft
1 – 2 TL	Agavendicksaft
	Salz, Pfeffer

Und so geht's

Jeweils alle Zutaten miteinander vermengen und am Ende mit Salz und Pfeffer abschmecken. Für die Erdbeervinaigrette die Erdbeeren vorher waschen und pürieren.

Je nachdem, ob du dein Dressing lieber süß oder säuerlich haben möchtest, kannst du mit dem Anteil des Zitronensaftes oder des Agavendicksafts variieren.

Wir empfehlen dir, die Dressings im Kühlschrank aufzubewahren und innerhalb von 3 Tagen zu verzehren!

Zutaten

500 g	Mehl
300 ml	lauwarmes Wasser
1 TL	Zucker
1 Pck.	Trockenhefe
1 Prise	Salz
250 g	Butter
½	Zwiebel
1	Knoblauchzehe
	Kräuter deiner Wahl

Und so geht's

Das Mehl mit einer Prise Salz in eine Rührschüssel geben. Das lauwarme Wasser mit einem Päckchen Hefe und einem TL Zucker vermengen und für 5 Minuten in einer anderen Schüssel gehen lassen. Nun die Wasser-Hefemischung in die Rührschüssel zu dem Mehl dazugeben und vermengen. Für 10 Minuten kneten, bis ein glatter Teig entsteht. Den fertigen Teig mit einem Küchenhandtuch bedeckt für 2 Stunden gehen lassen.

In der Zwischenzeit kann die Kräuterbutter vorbereitet werden. Dazu einfach Kräuter deiner Wahl mit der kleingewürfelten Knoblauchzehe, der Zwiebel und einer guten Prise Salz unter die Butter mischen und gut vermengen.

Den Teig nach 2 Stunden noch einmal gut durchkneten und dann auf einer bemehlten Fläche (ca. so groß wie ein Backblech) mit einem Nudelholz ausrollen. Nun die Kräuterbutter auf dem ausgerollten Teig gleichmäßig verteilen und den Teig in 3 — 5 cm breite Streifen schneiden. Die Streifen wie eine Ziehharmonika falten und in eine eingefettete Kastenform legen. Bei 180 °C für 30 — 35 Minuten im Ofen backen, bis das Faltbrot goldbraun ist.

Petersilie, Schnittlauch und Dill eignen sich besonders gut für die Kräuterbutter.

Leckeres Faltbrot mit Kräuterbutter

Zubereitung 2 h 30 min / Menge 1 Kastenform

Stufe 2

Salat

350 g	Fussili Nudeln
2	süße Äpfel
250 g	Geflügelfleischwurst
½ Glas	Gewürzgurken
2 TL	Gemüsebrühe

Dressing

250 ml	Salat-Mayonnaise
200 g	Natur-Joghurt
etwas	Gewürzgurkenwasser
	Curry-Pulver
	Salz, Pfeffer

Und so geht's

Einen kleinen Topf mit ausreichend Wasser und der Gemüsebrühe befüllen und die Nudeln darin kochen.

Die Äpfel schälen und mit der Fleischwurst sowie den Gewürzgurken in kleine Würfel schneiden und in eine große Schüssel geben.

Für das Dressing die Mayonnaise und den Joghurt mit in die Schüssel füllen und gut vermengen. Anschließend etwas Gewürzgurkenwasser durch ein Sieb laufen lassen und hinzugeben. Mit Curry-Pulver, Salz und Pfeffer würzen und mit den Nudeln vermengen.

Zum Schluss den Salat noch etwas auskühlen lassen.

Der Salat schmeckt auch ausgezeichnet mit Erbsen und Möhrchen, falls du die Wurst weglassen möchtest.

Curry-Nudelsalat mit gewürfelten Apfelstücken

Zubereitung *20 min* / Menge *1 Schüssel*

Stufe 2

S. No 57

Salate

DEKORATIVE GLASUNTERSETZER

DIY

Frische Blumen geben jedem Raum eine gewisse Lebendigkeit und sind immer ein absoluter Hingucker. Viel zu schade ist es, dass die Blüten so schnell verwelken. Mit unseren Glasuntersetzern kannst du die Schönheit der Blumen konservieren und dich weiterhin jeden Tag daran erfreuen.

Und so geht's

Besorge dir zunächst einige schöne Blumen, die sich gut zum Pressen eignen. Dazu zählen vor allem flache Blüten und Gräser — von größeren Blumen kannst du gut die einzelnen Blütenblätter abzupfen und einzeln pressen. Die Blumen sollten auf jeden Fall frisch sein und schön blühen. Lege sie dann zwischen Zeitungspapier unter einige schwere Bücher.

Wenn die Blüten nach einigen Tagen getrocknet sind, lege sie nach Belieben auf eines der Gläser und punktiere die Ränder mit etwas Klebstoff. Lege anschließend ein zweites Glas darauf und drücke beides fest aufeinander, bis der Klebstoff angetrocknet ist. Zum Schluss kannst du zum Verzieren noch buntes Klebeband um die Glasränder schlagen. Fertig!

Du brauchst

Verschiedene Blumen
Hobbyglas (je 2 Stück à 10 x 10 cm, Anzahl nach Wunsch)
Kunststoff- oder Sekundenkleber
Buntes Klebeband

Wenn es um einen herum ganz dunkel ist und nur ein paar Kerzen oder Lichter eine gemütliche Stimmung zaubern, hat man oft die besten Einfälle und Gespräche, oder? Bringe mit ein paar selbstgemachten Windlichtern eine schöne Atmosphäre auf deinen Balkon oder deine Terrasse.

Und so geht's

Löse zunächst alte Etiketten von den Einmachgläsern und Flaschen und säubere die Oberfläche.

Nimm nun die Kordel oder etwas dickere Wolle und wickle diese um die Gläser, damit die Farbe an der Stelle nicht angenommen wird. Für breitere Streifen kannst du die Gläser und Flaschen auch mit Klebeband abkleben.

Stelle sie nun im Freien auf eine Unterlage (z. B. alte Zeitungen). Solltest du wenig Platz haben, pass auf, dass nahe stehende Gegenstände auch abgedeckt werden, damit sie keine Farbe abbekommen. Dann kannst du die Gläser von allen Seiten mit der Farbe ansprühen und danach mit einem Edding verzieren.

Nach dem Trocknen musst du nur noch die Bänder und das Klebeband entfernen. Dann kannst du die Gläser mit Teelichtern befüllen und Stabkerzen in die Flaschenhälse stecken. Das sieht super schön aus, wenn das Wachs nach einiger Zeit an der Flasche herunterläuft — stelle aber früh genug etwas unter, damit es nicht auf den Boden kommt.

Du brauchst

Einmachgläser
Alte Flaschen
Kordel oder dicke Wolle
Klebeband
Sprühfarbe
Edding
Stabkerzen
Teelichter

WINDLICHTER UND KERZENHALTER

S. No 61

DIY

Brötchen

500 g	Weizenmehl
200 ml	Milch
20 g	Zucker
50 g	weiche Butter
1 Pck.	Trockenhefe
1 Prise	Salz
1	Eigelb

Fritten

6	festkochende Kartoffeln

Belag

	Salat
	Tomate
	Gurke
	Paprika
	Aubergine

> Du kannst die Brötchen auch mit einem Pflanzendrink statt mit Eigelb bestreichen und mit Sesam bestreuen. Als Soße können wir dir unser leckeres Tomaten-Pesto von Seite 90 empfehlen.

Und so geht's

Den Backofen auf ca. 200 °C Umluft vorheizen.

Die Milch in einem Topf lauwarm erhitzen und die Butter hinzugeben. Dann Zucker und Hefe gut unterrühren und für 5 – 10 Minuten zur Seite stellen.

Das Mehl mit einer Prise Salz in eine große Rührschüssel geben, die Milch-Hefe-Mischung hinzufügen und gut durchkneten, bis ein glatter Teig entsteht. Den Teig mit einem Küchenhandtuch abdecken und 2 Stunden gehen lassen.

In der Zwischenzeit können die festkochenden Kartoffeln gewaschen und in großzügige Spalten geschnitten werden. Mit etwas Olivenöl und Salz beträufeln und für 35 – 40 Minuten bei 200 °C Umluft in den Ofen geben.

Jetzt das Gemüse für den Burger waschen und klein schneiden. Die Aubergine und die Paprika in 1 – 2 cm dicke Scheiben schneiden und das Gemüse zur Seite stellen.

Nun den Teig erneut durchkneten und ca. 9 Kugeln in der Größe deiner Handinnenfläche formen und auf einem mit Backpapier ausgelegten Backblech verteilen. Bestreiche die Brötchen mit Eigelb und lasse sie für 15 Minuten mit den Fritten im Ofen backen.

Sobald die Brötchen dann goldbraun und kross sind, können sie aus dem Ofen genommen werden. Nun müssen nur noch die Aubergine und die Paprika mit etwas Olivenöl in der Pfanne angebraten werden und schon kannst du deinen Burger mit allen Zutaten belegen.

Selbstgemachte Burger-Brötchen mit gebratenem Gemüse und Fritten

Zubereitung *3 h* / Menge *9 Stück*

Stufe **3**

Kochen

Zutaten

300 g	gehackte Haselnüsse
250 g	Datteln
400 g	Erdbeeren
200 g	Joghurt

Und so geht's

Die gehackten Haselnüsse mit den Datteln in einem Standmixer miteinander vermengen, sodass eine zähe Masse entsteht.

Die Dattel-Nuss-Mischung in eine kleine Springform (21 cm) geben und den Joghurt auf dem Boden verteilen.

Nun die Erdbeeren waschen, vierteln und auf dem Kuchen auslegen. Schon ist der leckere Erdbeerkuchen fertig!

Als perfekte Soße eignet sich die Erdbeermarmelade auf Seite 22.

Ersetze den Joghurt zum Beispiel durch Soja-Vanille-Joghurt. So ist der Kuchen vegan und erinnert gleichzeitig an leckeren Vanillepudding mit Erdbeeren.

Erdbeerkuchen mit Dattel-Nussboden

Stufe 1

Zubereitung *20 min* / Menge *1 Kuchen*

S. No 65

Backen

Burg Eltz

N 50° 12' 18.817" O 7° 20' 11.569"

Visit Germany

MÄRCHENHAFTER AUSFLUG

Ein Märchenschloss im Wald, eine lange Hängeseilbrücke und zwei Städte am Rhein klangen für uns nach guten Gründen, Wiesbaden, Mainz und Umgebung zu erkunden.

Nach ca. 3 Stunden Autofahrt am Freitagnachmittag sind wir in Wiesbaden angekommen. Schon unser Airbnb in einer wunderschönen Altbauwohnung hat unsere Herzen höher schlagen lassen und wir nutzten direkt den kleinen Balkon, um uns mit Pizza und einem Wein auf das bevorstehende Wochenende einzustimmen.

Am Samstagmorgen warfen uns der Wecker und die Vorfreude schon sehr früh aus dem Bett. Da unser erstes Ziel, die Hängeseilbrücke Geierlay, noch eine Stunde Fahrzeit entfernt lag, sind wir gegen 5.30 Uhr aufgebrochen. Geparkt haben wir in Mörsdorf am Besucherzentrum der Geierlay Brücke. Von dort aus kann man die Brücke ganz einfach zu Fuß erreichen und mit der Handynavigation war sie auch leicht zu finden. In der Morgendämmerung spazierten wir über die Feldwege, konnten die Ruhe genießen und mit jedem Schritt noch mehr Vorfreude verspüren. Als wir dann endlich ankamen, mussten wir kurz innehalten. Abgesehen von zwei Wanderern hatten wir die Brücke und die Aussicht ganz für uns alleine. Die 360 Meter lange Hängeseilbrücke, die in einer Höhe von knapp 100 Metern über das Tal führt, lag vor uns in Nebel gehüllt. Ganz langsam über die Brücke zu laufen und die Aussicht zu genießen, während die Sonne sich langsam durch die Nebelwand schiebt, war ein rundum perfekter und magischer Moment. Deshalb empfehlen wir auf jeden Fall sehr früh dort sein — zum einen, um die Orte (fast) ganz für sich zu haben und dann zum anderen natürlich, um die Stimmung zum Sonnenaufgang mit der Kamera festzuhalten.

Geierlay Brücke

JUST LOOK.
BREATHE IN.
AND SEE THE
BEAUTY.

Den Besuch der Brücke kann man auch perfekt mit einer Wanderung kombinieren, denn rundherum befinden sich mehrere Wanderwege, die auch über die Brücke führen. Da wir jedoch noch einen weiteren Stopp einlegen wollten, ging es von hier direkt weiter zur Burg Eltz.

Für einen Moment der Natur so nah sein

Die Fahrt dauerte nochmal eine gute dreiviertel Stunde, auf der uns mit dem Blick auf die Weinberge und die Mosel in keiner Sekunde langweilig war. In der Nähe von Wierschem haben wir den „Parkplatz Burg Eltz" genutzt. Als wir um ca. 9 Uhr dort ankamen, war noch sehr wenig los. Vom Parkplatz aus kann man mit einem Shuttle direkt zur Burg fahren — wir würden aber auf jeden Fall empfehlen, zu laufen! Der schmale Weg schlängelt sich an ein paar Felsen entlang durch den Wald und bietet ab und zu schon ein paar schöne Ausblicke auf kleine Täler. Hinter jeder Kurve dachten wir also, endlich die Burg zu erblicken und nach ein paar weiteren Windungen und Kurven sahen wir sie dann — mitten im Tal auf einem Hügel erbaut. Mit ihren kleinen Türmchen, der Brücke und dem Burgtor fühlten wir uns wie in ein Märchen versetzt.

Bis auf ein paar vereinzelte Menschen waren wir auch hier bei unserer Ankunft noch fast allein. Das änderte sich allerdings schlagartig, als das Shuttle die erste Menschenmenge brachte. Auch hier gilt also — je früher man dort ist, desto größer ist die Chance, dass man die schöne Kulisse ungestört bestaunen und fotografieren kann.

Auf, die Stadt erkunden!

Am Nachmittag sind wir zurück nach Wiesbaden gefahren und durch die Innenstadt gelaufen. Angrenzend liegt der große Kurpark, in dem man der Sonne entspannen kann. Am Abend empfehlen wir euch ans Rheinufer zu gehen. Man findet sowohl in Wiesbaden als auch in Mainz verschiedene Strandbars, in denen man den lauen Sommerabend mit Cocktails und guter Musik mit Blick aufs Wasser und den Sonnenuntergang genießen kann. Mit vielen Eindrücken des Tages sind wir am Abend müde aber glücklich in unsere Betten gefallen.

Vor unserer Abreise haben wir noch einen kleinen Abstecher in die schöne Innenstadt von Mainz gemacht und uns mit einem guten Frühstück für die Fahrt gestärkt. Mit schönen Erinnerungen und vielen Fotos ging es danach für uns zurück nach Münster.

What a beautiful city

S. No 71

Mainz

Zutaten

400 ml	Milch
150 g	Puderzucker
400 g	Sahne
4	Eigelb

Vanille-Eis

1 TL	Vanille-Extrakt

Joghurt-Eis

400 g	Joghurt

Karamell-Soße

250 g	brauner Zucker
200 ml	Sahne
35 g	Butter

Für veganes Eis kann das Eigelb einfach weggelassen und die Sahne gegen eine pflanzliche Alternative ausgetauscht werden. Bei dieser Variante entfällt der 2. Schritt des Rezepts, da man die Masse nicht aufkochen muss.

Und so geht's

Die Sahne steif schlagen und die Milch, den Puderzucker sowie das Eigelb hinzufügen und mit der Sahne vermengen.

Die Masse in einen Kochtopf geben und für 5 Minuten aufkochen lassen. Achtung: Milch kocht sehr schnell über und brennt leicht an — also immer schön umrühren. Danach die Sahne-Milchmischung gut abkühlen lassen und in den Kühlschrank stellen.

Für 2 verschiedene Varianten muss die Flüssigkeit auf 2 Schüsseln aufgeteilt werden. Für das Vanille-Eis 1 TL Vanille-Extrakt hinzufügen — für das Joghurt-Eis den Joghurt unterrühren. Danach kann die Flüssigkeit in die Eismaschine oder das Eisfach gegeben werden.

Wenn das Eis im Eisfach gekühlt wird, sollte es im 1-Stunden-Takt mit einem Schneebesen verquirlt werden. So wird das Eis schön cremig und es sammeln sich weniger Eiskristalle an.

Die Karamell-Soße ist super schnell und einfach zubereitet. Dafür wird der Zucker in einem Topf erwärmt, sodass er flüssig wird. Die Butter und die Sahne mit unterrühren und kurz aufkochen lassen. Schon ist die Karamell-Soße fertig und kann über das Eis gegossen werden.

Nun das Eis nach Belieben mit Früchten oder Süßigkeiten als Topping verzieren.

Selbstgemachtes Vanille- und Joghurt-Eis

Stufe 3

Zubereitung ohne Eismaschine 4 – 6 h
mit Eismaschine 20 – 30 min

Menge 8 – 10 Kugeln

S. No 73

Süßes

"And all
at once,
summer collapsed
into fall."

—Oscar Wilde

[herbst]

S. No 75

*Es beginnt mit einer kühlen Brise an einem
Spätsommerabend. Die Luft wirkt frischer als zuvor.
Eine Vorahnung macht sich in dir breit, die sich
einerseits wie ein Abschied, andererseits aber auch
nach Ankommen anfühlt.*

*Der Sonnenaufgang am nächsten Morgen taucht
die Welt in ein wunderbar warmes, goldenes Licht.
Voller Vorfreude öffnest du das Fenster.
Die kühle, frische Luft weht dir ins Gesicht.
Du schließt die Augen und atmest tief ein.
Es ist still draußen. Als würde dir die Natur sagen,
dass es Zeit ist, zur Ruhe zu kommen.*

*Und da weißt du es:
Es ist soweit. Der Sommer ist vorbei.
Es kehrt Ruhe ein. Der Herbst ist da.*

Auch wenn wir den Sommer lieben, fühlen wir immer eine kleine Erleichterung, wenn der Herbst beginnt. Wir können die Aufregung und die Spannung des Sommers abschütteln und zur Ruhe kommen. Wir können etwas für uns selbst tun, es ab und zu auch mal genießen, alleine zu sein. Wir können uns in unsere Decken einkuscheln, einen warmen Kakao trinken und im Kerzenlicht unser Lieblingsbuch lesen, während der Regen draußen an die Scheiben prasselt. Wir können die schönsten Sonnenuntergänge des Jahres genießen. Die bunten Farben des Waldes bewundern, der in der Sonne manchmal so aussieht, als würde er leuchten. Wir können nach langen Spaziergängen im Wald nach Hause kommen und uns ohne schlechtes Gewissen auf's Sofa legen, da es sowieso früher dunkel wird. Keine Jahreszeit zeigt uns so sehr wie der Herbst, dass Veränderungen schön sein können.

EIN NEUER ANSTRICH

DIY

Wenn man nicht mehr so viel nach draußen kann, wird es im Haus schnell langweilig. Eine farbige Wand kann einen Raum komplett anders wirken lassen und aufwerten. Willst du schnell und einfach frischen Wind in deine Wohnung oder dein Zimmer bringen, dann verraten wir dir unsere besten Tipps, um Wände zu streichen und zu dekorieren.

Unsere Tipps

1. Investiere direkt am Anfang in eine gute Farbrolle. Diese kannst du — wenn du sie jedes Mal gründlich ausspülst — auch mehrfach verwenden. Außerdem musst du viel seltener neue Farbe aufnehmen und du erzielst schneller gute Ergebnisse. Das Gleiche gilt für die Wandfarbe. Unsere Lieblinge sind „Alpina — feine Farben" und „Schöner Wohnen". Je hochwertiger und deckender die Farbe, desto weniger Schichten brauchst du.
2. Mach dir nicht zu viele Gedanken — was soll schon passieren? Ein neuer Anstrich ist nicht für die Ewigkeit. Sollte es dir nicht gefallen, überstreichst du die Wand einfach wieder mit einer anderen Farbe.
3. Eine neue Wandfarbe verleiht einem Raum ein komplett anderes Gefühl und eine ganz frische Stimmung. So bekommst du für ein recht kleines Budget ein großes Ergebnis! Hänge noch ein paar passende Dekoaccessoires an die gestrichene Wand und schon ist der neue Look komplett.
4. Such dir am besten eine Wand aus, die nicht all zu groß ist. Diese ist ab sofort deine Experimentierwand, an der du dich kreativ auslassen kannst. Im Frühling ein frisches Rosa und im Herbst vielleicht ein dunkles Grün? Wenn deine Fläche überschaubar ist, ist die Motivation größer, neu zu streichen und du brauchst natürlich auch weniger Farbe, wodurch du wiederum Geld sparst.

Du brauchst

Klebeband
Farbrolle
Farbe
Malervlies

BEUTEL BEDRUCKEN MIT BLÄTTERN

DIY

Perfekt für den Wocheneinkauf oder den Marktbesuch, zum Kastanien sammeln oder Äpfel pflücken. Am besten sollte man sowieso immer eine Tasche dabei haben, um unnötigen Müll zu vermeiden. Wir zeigen dir hier, wie du deinen eigenen Jutebeutel passend zur Jahreszeit gestalten kannst.

Und so geht's

Um sicherzugehen, dass die Farbe nicht durchdrückt, lege ein Stück Pappe in deinen Jutebeutel.

Nun kannst du die Blätter in den Farben deiner Wahl anmalen und sie dann, wie beim Stempeln, auf den Beutel drücken. Mit der Farbe musst du nicht sparsam sein — mache am besten einen Testdruck auf einem Blatt Papier um sicherzustellen, dass du die richtige Menge an Farbe gewählt hast.

Einen schönen Effekt erhältst du durch mehrfarbige Drucke. Bemale zuerst das komplette Blatt und drucke es auf den Beutel. Wenn die Farbe getrocknet ist, kannst du vom gleichen Blatt bspw. nur die Ecken betupfen und es nochmal an der gleichen Stelle aufdrucken.

Du brauchst

Jutebeutel
Stofffarbe
Textilstift
Verschiedene Blätter

Wir haben die Beutel dann noch mit herbstlichen Sprüchen beschriftet. Male deine Motive am besten mit Bleistift vor und verwende dann Textilstifte.

Nun musst du deine Kunstwerke nur noch nach Anleitung der Farben und Stifte behandeln, um das Motiv zu fixieren und somit beständig zu machen.

GOLDEN HOUR

Der für uns schönste Zeitpunkt des Tages ist die „Golden Hour" — wenn der Himmel in goldenes Licht getaucht und die Natur in warme Farben gehüllt wird. Besonders im Herbst kann man die schönsten Farbspiele bewundern, während die Sonne auf- oder untergeht.

Die „Golden Hour" findet eine Stunde nach dem Sonnenaufgang bzw. eine Stunde vor dem Sonnenuntergang statt. In dieser Zeit hat man das spektakulärste und wärmste Licht für seine Fotos.

Dazu solltest du eine schöne Location auswählen, von der du weißt, dass man den Sonnenuntergang dort besonders gut betrachten kann. Beobachte dafür den Verlauf der Sonne über den Tag hinweg genau. Nichts ist ärgerlicher, als wenn das schönste Licht später von einem Gebäude oder hohen Bäumen verdeckt wird. Außerdem solltest du dich vorher schlau machen, um welche Uhrzeit die Sonne auf- oder untergeht. Das verrät dir deine Wetter-App.

Besonders schön werden deine Fotos in der goldenen Stunde, wenn du mit Gegenlicht arbeitest. Du kannst mit den ersten bzw. letzten Sonnenstrahlen spielen, wenn dein Motiv oder Model zwischen dir und der Sonne positioniert ist. Wenn du direkt ins Sonnenlicht fotografierst, hast du die Chance, schöne Linsenreflexionen einzufangen und somit Lichtpunkte auf deine Bilder zu zaubern. Das klappt vielleicht nicht gleich am Anfang und auch das Fokussieren ist unter diesen Gegebenheiten nicht besonders einfach, aber mit ein bisschen Übung wird es dir gelingen.

Die Magie der goldenen Stunde

Natürlich spielen die Kameraeinstellungen im manuellen Modus auch hier wieder eine wichtige Rolle. Du solltest mit einer relativ offenen Blende, also einer möglichst kleinen Blendenzahl, arbeiten (mehr zur Blende findest du auf Seite 14). Da durch die offene Blende jedoch nur ein geringer Bereich des Bildes scharf ist und das Fokussieren durch das Gegenlicht ohnehin schon erschwert wird, würden wir empfehlen, die Blende nicht komplett zu öffnen. Eine Blende von ca. f/2.2 – 2.5 eignet sich oft gut. Das ist auch abhängig vom Objektiv, das du nutzt. Mit ein paar Probeschüssen wirst du aber schnell ein Gefühl dafür bekommen.

HERBSTLIEBE

Zeit für kuschelige Pullover, leckere Heißgetränke und einen schönen Waldspaziergang.

Goldener Herbst

Der Herbst bedeutet für uns: Zur Ruhe kommen. Die Natur zeigt uns, dass es an der Zeit ist, einen Gang runterzuschalten und durchzuatmen. Mit den wunderschönen Sonnenuntergängen und Farben macht uns der Herbst klar, dass Abschiede auch schön sein können und wir auf den nächsten Frühling vertrauen können.

Mach es dir also bis dahin in deiner Wohnung oder deinem Zimmer gemütlich und schaffe einen Ort, an dem du dich wohlfühlst. Einen Ort, an dem du dich zurückziehen kannst. Der Herbst ist die Jahreszeit, in der wir etwas für uns tun können, in der wir uns Zeit für uns nehmen sollten. Erstelle dir eine Playlist mit deinen Lieblingsliedern für gemütliche Abende. Zünde Kerzen an und nimm ein langes Bad. Schaue deine Lieblingsfilme oder lies ein neues Buch. Mache lange Spaziergänge im Wald und wärme dich danach mit einem leckeren Abendessen auf. Beobachte den Regen und spüre, wie du immer entspannter wirst. Um Gemütlichkeit und Wohlfühlgerichte, die uns von innen wärmen, geht es in unserem Herbstkapitel.

Cosy Heißgetränke

Zubereitung *je 10 min*   Menge *je 1 Tasse*

Stufe 1

KAKAO

Heiße Schokolade

3 TL	Backkakao
	Agavendicksaft oder Zucker
300 ml	Milch
	etwas Sprühsahne
1 Handvoll	Mini-Marshmallows

Und so geht's

Die Milch mit dem Kakaopulver auf mittlerer Hitze in einem Kochtopf erwärmen und einen Schuss Agavendicksaft oder ein wenig Zucker hinzugeben, um diesen zu süßen.

Den Kakao in eine Tasse gießen und mit Sprühsahne, Kakaopulver und Mini-Marshmallows verzieren.

Fertig ist deine perfekte heiße Schoki für einen gemütlichen Nachmittag mit einem schönen Buch!

> Für eine vegane Variante kannst du die Milch durch einen Pflanzendrink ersetzen.

KAFFEE

Milchkaffee mit Zimt

1	kleine French Press Kaffeekanne
2 EL	Kaffeepulver
½ TL	Zimt
250 ml	heißes Wasser
100 ml	Milch

Und so geht's

Das Kaffeepulver mit dem Zimt vermischen und in die French Press geben. Nun das heiße Wasser darübergießen und gut umrühren. Für 5 Minuten ziehen lassen und dann die French Press herunterdrücken, sodass sich das Kaffeepulver am Boden der Kanne sammelt.

Die Milch in einen Milchschaumzubereiter geben oder kurz erwärmen und mit einem Schneebesen schaumig schlagen. Dann den Kaffee zusammen mit dem Milchschaum in eine Tasse gießen und mit etwas Zimt garnieren. Schon ist der herbstliche Kaffee fertig!

TEE

Rooibos Latte

1	Teebeutel Rooibos-Tee
300 ml	heißes Wasser
60 ml	Milchschaum
2 TL	Vanillesirup
1 Stück	Schokolade

Und so geht's

Den Rooibos-Tee mit heißem Wasser aufgießen und für 5 Minuten ziehen lassen.

Die Milch aufschäumen und den Milchschaum auf den Tee gießen.

Gib den Vanillesirup in den Tee und etwas geriebene Schokolade auf den Milchschaum — fertig ist der Rooibos Latte.

Zutaten

300 g	Pilze deiner Wahl (z.B. Champignons, Pfifferlinge oder Steinpilze)
350 g	Risottoreis
100 g	Parmesan
1 Liter	Gemüsebrühe
175 ml	Weißwein
2	Schalotten
1	Knoblauchzehe
20 g	Butter
	Petersilie

Und so geht's

Zu Beginn werden die Schalotten und die Knoblauchzehe in kleine, feine Würfel geschnitten und mit der Butter in einem hohen Kochtopf gedünstet, bis sie glasig sind.

Den Risottoreis dazugeben und kurz mit den Schalotten und dem Knoblauch für 3 – 5 Minuten anbraten. Anschließend mit Weißwein ablöschen und die Brühe hinzugeben.

Den Reis nun bei mittlerer Hitze für 20 – 25 Minuten köcheln und ab und zu umrühren. Wenn die Konsistenz langsam cremig wird, kann der Parmesan hinzugefügt werden. Alles noch etwa 3 – 5 Minuten weiter köcheln.

Nun kann das Risotto mit ein wenig frischer Petersilie serviert werden!

Probiere es für ein veganes Risotto mal mit Hefeflocken statt des Parmesans, die schmecken ebenfalls sehr lecker und würzig. Statt der Butter kannst du auch pflanzliche Margarine nehmen.

Herbstliches Pilzrisotto

Stufe 2

Zubereitung *45 min*   Menge *4 Portionen*

S. No 89

Rotes Pesto

275 g	getrocknete Tomaten aus dem Glas (in Öl eingelegt)
1 Handvoll	frische Petersilie
150 g	Pinienkerne
6 – 8 TL	Olivenöl
100 g	Parmesan
1	Knoblauchzehe
	Salz, Pfeffer
	Chiliflocken

Grünes Pesto

2 Handvoll	Basilikum
1 Bund	frische Petersilie
150 g	Pinienkerne
6 – 8 TL	Olivenöl
100 g	Parmesan
1	Knoblauchzehe
	Salz, Pfeffer
	Chiliflocken

Und so geht's

Den Parmesan hobeln und die Knoblauchzehe schälen.

Je alle Zutaten in einen Mixer geben und miteinander vermengen, bis ein schönes Pesto entsteht. Das Pesto nun in kleine Weckgläschen abfüllen und mit 1 EL Olivenöl bedecken.

Statt Parmesan eignen sich auch sehr gut Cashewkerne und Hefeflocken.

Selbstgemachtes grünes und rotes Pesto

Stufe 1

Zubereitung *je 5 min*   Menge *je 3 kleine Weckgläschen*

S. No 91

Nach einem langen Herbstspaziergang gibt es nichts Schöneres, als sich in die warme Badewanne zu legen. Solltet ihr keine haben, eignet sich dieses DIY auch super zum Verschenken!

Und so geht's

Fülle das grobe Meersalz in eine Schüssel und gib ein paar Tropfen des ätherischen Öls hinzu (es eignen sich auch Badeessenzen, welche es in allen möglichen Varianten gibt). Hier kommt es bei der Menge ganz darauf an, wie intensiv das Salz riechen soll. Benutze also erst nur wenige Tropfen und füge bei Bedarf noch einige hinzu.

Gib noch ein paar Blüten des getrockneten Lavendels in die Mischung und fülle alles in ein schönes Gläschen. Wenn du noch eine kleine Botschaft und zwei kleine Lavendelzweige an das Glas hängst, kannst du es direkt verschenken!

Du brauchst

Grobkörniges Meersalz
Ätherisches Lavendelöl
Getrockneten Lavendel
Gläschen zum Abfüllen

Das Lavendelöl lässt sich gegen jedes andere ätherische Öl austauschen und mit den passenden getrockneten Blüten dekorieren.

VERWÖHNENDES BADESALZ

DIY

Zutaten

1	Hokkaido-Kürbis
750 ml	Gemüsebrühe
200 ml	Kokosmilch
2	Schalotten
1	Knoblauchzehe
etwas	Olivenöl
	Kürbiskernöl

Und so geht's

Den Hokkaido-Kürbis waschen und in Würfel schneiden. Je kleiner die Würfel, desto schneller werden sie beim Kochen weich.

Die kleingeschnittenen Schalotten und die Knoblauchzehe in einem großen Kochtopf in etwas Olivenöl anschwitzen und den gewürfelten Hokkaido-Kürbis hinzugeben. Sobald der Kürbis leicht angebraten ist, kann die Gemüsebrühe hinzugefügt werden.

Den Kürbis auf mittlerer Stufe in der Gemüsebrühe köcheln, bis er schön weich ist. Dann kannst du den Topf von der Herdplatte nehmen und den Kürbis darin pürieren. Währenddessen noch die Kokosmilch hinzufügen und anschließend alles vermengen.

Je nachdem wie sämig du die Suppe magst, kannst du noch etwas mehr Brühe oder Kokosmilch hinzufügen. Verziere die Kürbissuppe beim Servieren noch mit etwas Kürbiskernöl — das sieht nicht nur schön aus, sondern intensiviert gleichzeitig den Geschmack!

Wenn sich der Kürbis schwer schneiden lässt, lege ihn vorher 20 Minuten bei 150 °C in den Backofen.

Cremige Kürbissuppe

Stufe 2

Zubereitung *30 min*   Menge *4 – 6 Teller*

Teig

300 g	Dinkelmehl
150 ml	lauwarmes Wasser
½ TL	Zucker
1 Pck.	Trockenhefe
2 EL	Olivenöl
	Salz, Pfeffer

Belag

200 g	Kräuterfrischkäse
1	Hokkaido-Kürbis
1	rote Zwiebel
1 Zweig	Rosmarin

Und so geht's

Das lauwarme Wasser mit der Hefe und dem Zucker vermengen und kurz beiseite stellen.

Das Mehl in eine Schüssel geben, dann Salz, Pfeffer und Olivenöl hinzufügen. Nun kann die Hefemischung zu dem Mehl hinzugegeben und gut verknetet werden. Den Teig für 1 Stunde an einem warmen Ort gehen lassen.

Den Ofen auf 200 °C Ober- und Unterhitze vorheizen.

Den Teig halbieren und die Hälften dünn ausrollen. Den Frischkäse mit etwas Wasser verdünnen und mit Salz und Pfeffer würzen und darauf verteilen. Den Kürbis in dünne Spalten schneiden und nach Belieben auf den Flammkuchen legen. Die Zwiebel in schmale Ringe schneiden und zusammen mit dem frischen Rosmarin auf dem Flammkuchen verteilen und für 15 – 18 Minuten backen, bis er goldbraun ist.

Für eine außergewöhnliche Variante belege den Flammkuchen zusätzlich mit roter Beete und Ziegenkäse.

Rustikaler Flammkuchen mit Kürbisspalten

Stufe 2

Zubereitung *1 h 30 min*   Menge *2 Bleche*

Feel the spirit

N 50° 54' 46.917" O 14° 16' 31.016"

Visit Germany

SÄCHSISCHE SCHWEIZ

Früh am Morgen, wenn die Sonne sich leise ihren Weg durch den Nebel bahnt, die Morgenröte einen Ort in einem ganz besonderen Licht erstrahlen lässt und alles magisch erscheint.

Unser drittes Ausflugsziel führte uns einmal quer durch Deutschland — von Münster in die Sächsische Schweiz. Die Entscheidung, dort im Herbst hinzufahren, war für uns die beste, die wir treffen konnten.

Obwohl wir am Freitag relativ spät ankamen, wollten wir die Zeit trotzdem noch nutzen und unbedingt den Sonnenuntergang mit einem tollen Ausblick genießen. Im Internet gibt es viele Seiten mit Vorschlägen für Rundwanderungen. Da wir nicht mehr allzu viel Zeit hatten, haben wir uns für diesen Abend nur für den Carolafelsen entschieden. Den nächsten Parkplatz zu finden war allerdings eine Herausforderung — lade dir vorher auf jeden Fall Wanderkarten auf dein Handy herunter, die du auch ohne Internet als Navi verwenden kannst! So musst du nicht nur auf die Schilder vertrauen und kannst ebenfalls schauen, ob sich weitere Parkplätze in der Nähe befinden. Auf dem Weg nach oben sind wir zuversichtlich und selbstbewusst dem Schild zur „Wilden Hölle" gefolgt — dieser Weg führte durch schmale Gänge, über hohe Steintreppen und an Felswänden entlang. Und schon befanden wir uns mitten in dem Abenteuer wieder, das wir uns gewünscht hatten.

Bereits beim Aufstieg konnten wir erahnen, welcher Ausblick uns erwarten würde. Solltest du auch diesen Weg gehen wollen, empfehlen wir festes Schuhwerk, bequeme Klamotten und einen Rucksack, damit du beide Hände frei hast. Außerdem ganz wichtig für alle Ausflüge: Fast immer lohnt sich ein Blick nach hinten! Man nimmt den Weg, den man geht sonst immer nur aus einer Perspektive wahr — vielleicht liegt der schönste Anblick auch genau hinter dir.

Der Blick um sich herum wird belohnt!

Als wir oben ankamen, waren wir einfach nur sprachlos und überwältigt. Der weite Blick über die Landschaft, die leuchtenden Farben des Waldes und mittendrin riesige Felsformationen. Das Gefühl, das wir dort hatten, kann man kaum beschreiben und mit jeder Minute, die verging, wurde es schöner. Als das Licht des Sonnenuntergangs den Wald in ein feuriges Rot getaucht hat, konnten wir nur noch staunen.

Leider sind wir etwas zu spät aus dem Staunen erwacht — wir mussten ja den ganzen Weg wieder zurück! Plane also genug Zeit ein und schaue eventuell vorher schon nach einem einfacheren Weg, den du für den Abstieg nehmen kannst, damit du nicht

INHALE,
EXHALE
AND ENJOY
THE NATURE.

so wie wir durch den dunklen Wald irren musst. Eine Taschenlampe oder bestenfalls eine Stirnlampe kann dabei ein Lebensretter sein.

Nach diesem ersten Abenteuer sind wir müde ins Bett unseres Airbnbs gefallen, welches sich in Hohnstein befand. Der nächste Morgen startete sehr früh: Gegen 7.30 Uhr erreichten wir unser zweites Ziel — die beeindruckende Basteibrücke. Eine 76 Meter lange Brücke, die sich durch eine Felsformation zieht und von der man einen wunderschönen Blick auf die Elbe hat. Auf einer kleinen Aussichtsplattform warteten wir mit ein paar anderen Fotografen auf die aufgehende Sonne, die sich zunächst nicht so ganz zeigen wollte. Doch als wir dann über die Basteibrücke gelaufen sind, haben sich die ersten Sonnenstrahlen ihren Weg durch den aufsteigenden Nebel um uns herum gebahnt und den Ort noch magischer erscheinen lassen. Nicht umsonst findet man die beeindruckenden Felsformationen der Umgebung auf vielen Kunstgemälden.

Nach einer kleinen Stärkung sind wir dann durch die sogenannten Schwedenlöcher Richtung Amselsee gelaufen. Durch enge Felsspalten, die mit Moos und Farn bewachsen sind, am Fuße riesiger Felsen entlang, bei denen man nicht sehen kann, wo sie aufhören. Hinter jeder Ecke und nach jedem Durchgang wartete ein weiterer unvergesslicher Anblick — am liebsten wären wir stundenlang weiter gelaufen und hätten noch mehr schöne Orte entdeckt. Am Amselsee entlang sind wir wieder den Schildern zur Basteibrücke gefolgt. Auch bei der Brücke zahlt sich das frühe Aufstehen auf jeden Fall aus, da sie ein sehr beliebtes Touristenziel ist. Außerdem sieht die Brücke in der goldenen Stunde nach dem Sonnenaufgang noch beeindruckender aus, als sowieso schon.

Generell kann man noch viel mehr Zeit in der Sächsischen Schweiz verbringen und weitere Routen, Wanderwege und Aussichtspunkte erkunden. Im Internet gibt es dazu ganz viele Informationen — schau einfach mal, worauf du vielleicht noch Lust hast.

Die zwei Tage in der Sächsischen Schweiz waren gefüllt mit schönen Momenten und Eindrücken, weshalb wir sehr gerne daran zurückdenken und auf jeden Fall noch einmal einige Tage mehr dort verbringen möchten.

Die Basteibrücke

S. No 103

Zutaten

3 – 4	Äpfel, z.B. Elstar
350 g	Weizenmehl
100 g	brauner Zucker
175 g	Butter
1	Ei
½ TL	Zimt
½ TL	Zucker

Und so geht's

Für den Kuchenteig das Mehl, den Zucker, die Butter, das Ei und den Zimt miteinander vermischen und zu einem glatten Teig verkneten. Diesen dann für 20 – 30 Minuten in den Kühlschrank stellen.

Den Ofen auf 180 °C Umluft vorheizen.

Die Springform mit etwas Butter einfetten und ⅔ des Teigs auf dem Boden gleichmäßig verteilen. Die Äpfel schälen, in grobe Würfel schneiden, auf dem Teig verteilen und anschließend noch etwas Zimt und Zucker darüber streuen. Aus dem restlichen Teig Streusel formen und ebenfalls auf den Äpfeln verteilen. Nun muss der Kuchen für 15 – 20 Minuten in den Ofen.

Am besten schmeckt der Kuchen noch lauwarm mit etwas selbstgemachten Vanilleeis.
Das Rezept zum Eis findest du auf Seite 72.

Benutze statt Butter pflanzliche Margarine und lasse einfach das Ei weg, damit der Kuchen vegan wird.

Herbstlicher Apfel-Streuselkuchen

Stufe 2

Zubereitung *1 h*   Menge *1 Springform (21 cm Durchmesser)*

S. No 105

Teig

200 g	dunkle Schokolade
130 g	Butter
3	Eier
100 g	brauner Rohrzucker
150 g	Dinkelmehl
1 EL	Kakaopulver

Topping

7 – 10	Walnüsse
40 g	Butter
2 – 3 TL	Zucker

Und so geht's

Walnüsse knacken und zum Rösten bei 200 °C Umluft für 5 – 7 Minuten in den Ofen legen. Die Walnüsse anschließend mit den 40 g Butter und dem Zucker in der Pfanne karamellisieren und abkühlen lassen.

Die dunkle Schokolade auf mittlerer Stufe mit der Butter in einem Wasserbad schmelzen. Sobald beides geschmolzen ist, in eine Schüssel geben und den braunen Zucker mit einem Rührgerät unterrühren.

Die Eier hinzufügen und solange rühren, bis eine cremige Masse entsteht.

Das Mehl sieben und zusammen mit dem Kakaopulver zur Schokoladenmischung hinzufügen und alles vermischen.

Den Teig in eine eingefettete Auflaufform geben und für 20 Minuten bei 160 °C im Ofen backen lassen.

Nachdem die Brownies abgekühlt sind, können sie mit den karamellisierten Walnüssen garniert und in Stücke geschnitten werden.

Brownies mit karamellisierten Walnüssen

Stufe 2

Zubereitung *45 min* Menge *1 Auflaufform*

"There's just something beautiful about walking in snow that nobody else has walked on."

— Carol Rifka Brunt

S. No 109

[winter]

*Der Winter kündigt sich langsam an. Ganz behutsam.
Die Bäume werden kahler und die Luft eisiger.
Die Tage werden dunkler und gleichzeitig zieht
die Gemütlichkeit bei dir ein.*

*An einem Tag, an dem die Luft klarer ist als sonst,
fällt der erste Schnee. Hüllt die Welt in eine weiße Decke.
Und unter ihm verschwinden all die Spuren, die das Jahr
hinterlassen hat. Und du bist endlich ganz angekommen.*

Manchmal lassen wir den goldenen Herbst mit seinen bunten Farben mit etwas Wehmut im Herzen zurück, wenn es auf die kalte Jahreszeit zugeht. Doch wir freuen uns umso mehr auf die gemütlichste Zeit des Jahres. Auf den Moment, wenn die erste Schneeflocke die Erde berührt. Auf viel Zeit mit der Familie und auf Entschleunigung. Wir genießen lange Schneespaziergänge und freuen uns über das Knirschen unter unseren Stiefeln, wenn wir die Ersten sind, die Spuren im Neuschnee hinterlassen. Wir machen es uns gemütlich und genießen unsere liebsten, warmen Getränke, während es überall nach Keksen riecht. Wir freuen uns auf Weihnachten und Silvester, den Weihnachtsmarkt und die vielen Lichter, die überall im Dunkeln leuchten. Wir sind endlich angekommen und können uns nach einem erlebnisreichen Jahr an die vielen tollen Momente erinnern und stolz auf uns sein.

MEMORY WALL

DIY

Du brauchst

Ausgedruckte Fotos
Freie Wand oder Pinnwand
Bunte Pappe
Stifte
Klebeband

In einem Jahr erleben wir so viele schöne Momente, die wir auf dem Handy oder dem PC gespeichert haben und dann wahrscheinlich später nur selten anschauen. Viel schöner ist es doch, sie jeden Tag zu sehen und sich zurückzuerinnern. Wir geben dir Tipps, welche Dinge du beim Erstellen einer Memory Wall beachten kannst.

Und so geht's

Wähle die schönsten Fotos des Jahres aus und lasse sie drucken. Idealerweise passen die Fotos farblich zusammen, indem du einen einheitlichen Filter bei der Bearbeitung verwendest — so ergibt alles später ein harmonisches Bild.

Lockere die Fotocollage mit Ausdrucken von deinen Lieblingszitaten oder Zeilen aus Songtexten auf, die ebenfalls schöne Gefühle oder Erinnerungen hervorrufen. Außerdem kannst du getrocknete Blumen, Lichterketten etc. als weitere Dekoration benutzen, um die Wand noch interessanter zu gestalten.

Lege die Fotos nun alle auf den Boden und ordne sie so an, wie sie dir gefallen. Benutze ab und zu buntes Papier oder Pappe als Hintergrund/Rahmen für die Bilder. Diese kannst du dann noch mit Bildunterschriften verzieren und deine liebsten Erinnerungen hervorheben. Wenn du mit der Anordnung zufrieden bist, mache zur Sicherheit ein Foto davon, damit du im Zweifel nochmal nachschauen kannst, wie du die Bilder gelegt hast.

Nun kannst du die Fotos auch schon an die Wand kleben oder an eine Pinnwand heften, falls du die Fotos nicht direkt an die Wand kleben möchtest. Jetzt kannst du dich im Vorbeigehen immer an die schönen Momente erinnern.

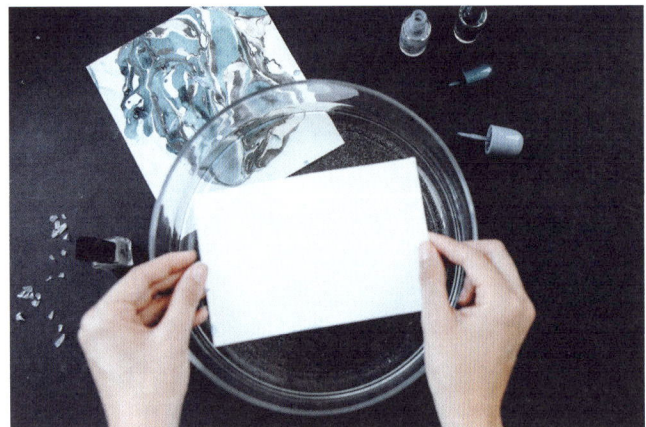

Wer uns ein wenig kennt, weiß, wie sehr wir Papeterie lieben. Dieses DIY ist eines unserer Favoriten — super einfach und wunderschön. Wir hoffen, dass du genauso in's Staunen kommst, wie wir!

Und so geht's

Fülle den Boden des Behälters mit Wasser. Dieser sollte eine größere Fläche haben als das zu färbende Papier. Wir haben eine flache Plastikschüssel verwendet, in die wir ein DIN A5 Blatt legen konnten. Benutze am besten einen alten Behälter, da man den Nagellack eventuell nicht mehr abbekommt.

Stelle nun die geöffneten Nagellacke neben den Behälter, damit es gleich schnell gehen kann. Ziehe als erstes das Stück Pappe durch das Wasser, um dessen Oberflächenspannung aufzuheben. Tropfe nun verschiedene Farben des Nagellacks ins Wasser und durchziehe die Farben mit einem Zahnstocher, um das typische Marmormuster zu erhalten.

Nun das Papier vorsichtig auf das Wasser legen und leicht andrücken, sodass es die Farbe annehmen kann. Anschließend nimmst du das Papier vorsichtig wieder heraus und lässt es trocknen.

Du brauchst

Verschiedene Nagellacke
1 flachen, alten Behälter
1 Stück Pappe
Aquarellpapier
Zahnstocher
Stifte

Für jedes Papier hast du nur einen Versuch und erhältst viele verschiedene Muster. Sollte mal eine Stelle weiß geblieben sein, kannst du diese zum Beispiel nutzen, um sie zu beschriften.

Die Einsatzmöglichkeiten deines Marmor-Papiers sind nahezu unendlich. Knicke und beschrifte es als Einladungs-, Gruß- oder Tischkarten, schneide es aus für Baum- oder Geschenkanhänger, oder verpacke damit kleine Geschenke — deiner Kreativität sind keine Grenzen gesetzt!

PAPETERIE IN MARMOROPTIK

S. No 115

DIY

Fotografie-Tipp

DER BOKEH-EFFEKT

Als Bokeh (japanisch für „unscharf" oder „verschwommen") bezeichnet man den beliebten Unschärfe-Effekt im Hintergrund bei Fotos. Dieser entsteht beim Fotografieren mit einer besonders weit geöffneten Blende. Durch den Effekt wird das eigentliche Motiv in den Fokus gerückt, während der Hintergrund verschwommen dargestellt wird. Das führt dazu, dass wir das Bild als besonders ästhetisch und lebendig wahrnehmen. Der Bokeh-Effekt eignet sich also hervorragend als gestalterisches Mittel für deine Fotos.

Besonders gut kommt dieser Effekt in dunkleren Umgebungen mit Lichtquellen im Hintergrund zur Geltung. Das Fotografieren mit einer kleinen Blendenzahl (mehr zum Thema Blende findest du auf Seite 14) führt dazu, dass z.B. Kerzen oder Lichter im Hintergrund nur noch als helle Lichtkreise zu erkennen sind. Vor allem im Winter findest du dazu viele Motive, denn eine Lichterkette im Hintergrund ist schon ausreichend, um die kleinen Lichtflecke auf das Foto zu zaubern. Hierbei ist zu beachten, dass der Effekt bei (vollformatigen) Spiegelreflexkameras besser funktioniert als beispielsweise bei Kompaktkameras.

Merke

Je offener die Blende (also je kleiner die Blendenzahl), desto unschärfer erscheint der Hintergrund und desto größer ist der Bokeh-Effekt. Verwende bestenfalls eine Einstellung im Bereich f/1.4 – 2.8. Je weiter entfernt die Lichter im Hintergrund platziert werden, desto größer die Lichtkreise im Foto.

Unser Tipp

Die Lichtform im Bokeh ist in der Regel kreisförmig, jedoch hast du die Möglichkeit, mit einem Trick das Muster der Lichter im Hintergrund zu verändern. Es gibt dafür sogenannte Bokeh-Filter mit verschiedenen Motiven, die du auf dein Objektiv schrauben kannst. Alternativ kannst du dir auch ganz einfach und mit wenig Aufwand selber einen Filter basteln. Nimm dazu ein Stück Pappe und schneide es auf die Größe deines Objektivs zu. Anschließend mit einer Schere oder einem Cuttermesser das gewünschte Motiv in der Mitte der Pappe ausschneiden. In der Winterzeit eignen sich dafür z.B. Herzchen, Sterne oder Schneeflocken. Nun musst du die Pappe nur noch vorne auf dem Objektiv mit einem Gummiband oder Klebestreifen befestigen und schon werden die Lichter in deinem Motiv leuchten.

S. No 117

WINTERZAUBER

Es ist Zeit, um es sich gemütlich zu machen und die wertvolle Zeit mit seinen Liebsten zu genießen!

Kalte Wintertage

Winter bedeutet für uns: Ankommen. Für einige mag es eine stressige Jahreszeit sein, doch vor allem sind der Winter und die Festtage für uns die gemütlichste Zeit des Jahres. Winter bedeutet Komfort. Er bedeutet gutes Essen und lange Gespräche. Zuhause sein. Wir verbinden mit ihm Wärme und Freundlichkeit.

Wir lieben es, viel Zeit mit unserer Familie und unseren Freunden verbringen zu können. Im Winter dreht sich vieles um Gemeinsamkeit — seien es gemeinsame Schneespaziergänge, Spiele- oder Filmabende. Schnapp dir deine Liebsten und kocht gemeinsam, probiert unsere Raclette-Variationen aus und blickt gemeinsam auf eure Erlebnisse des Jahres zurück. Schafft euch eure eigenen gemeinsamen Traditionen, auf die ihr euch nun Jahr für Jahr freuen könnt.

Nimm dir aber auch Zeit für dich! Mache es dir Zuhause gemütlich. Gestalte und schreibe persönliche Weihnachtskarten — wer freut sich heutzutage nicht über eine Postkarte, die sich an Stelle einer Rechnung im Briefkasten befindet? Außerdem ist die Freude darüber um einiges größer als über eine digitale Kurznachricht. Koche dir etwas leckeres, genieße dein liebstes Heißgetränk und komme zur Ruhe.

Zutaten

500 g	Gnocchi
75 g	Butter
2 Zweige	Zitronenthymian
1 Spritzer	Zitronensaft
	Salz, Pfeffer
	Chiliflocken

Und so geht's

Die Gnocchis in kochendes Salzwasser geben und warten, bis sie an der Wasseroberfläche schwimmen. Das ist das Zeichen dafür, dass sie fertig gekocht sind.

Etwa 75 g Butter in eine Pfanne geben und mit dem Zitronenthymian und einem Spritzer Zitronensaft kurz anbraten, bis die Butter flüssig und ganz leicht braun wird.

Nun können die fertig gekochten Gnocchis mit in die Pfanne gegeben und in der Butter geschwenkt werden, bis sie leicht kross sind. Schon sind die Gnocchis bereit zum Servieren!

Wer mag, kann auch Speckwürfel mit anbraten und dazu servieren. Für eine vegane Variante einfach pflanzliche Margarine verwenden.

Gnocchi in Thymian-Zitronenbutter

Zubereitung *15 min* Menge *3 – 4 Portionen*

Stufe 1

S. No 121

Kochen

Rouladen

2 – 3 Stk.	Rinderrouladen
100 g	getrocknete Pflaumen
1	Möhre (vom Suppengemüse für die Soße)
3 EL	Olivenöl
1 Prise	Zucker
3	Schalotten
2	Knoblauchzehen
	Salz, Pfeffer
	Zahnstocher

Soße

400 g	Tomaten aus der Dose
600 g	Suppengemüse (Möhre, Knollensellerie, Lauch, Petersilie)
	Salz, Pfeffer

Und so geht's

Das Rindfleisch kurz mit Wasser abwaschen und mit einem Küchentuch vorsichtig trocken tupfen. Das Fleisch mit Salz, Pfeffer und einer kleinen Prise Zucker würzen. Für die Füllung wird die Möhre vom Suppengemüse in ganz feine Stifte geschnitten und in die Mitte des Fleischstücks gelegt. Dann die getrockneten und entsteinten Pflaumen dazu geben und das Fleisch aufrollen. Mit den Zahnstochern an den beiden Rändern durch das Fleisch stechen, um es so zu fixieren, dass die Füllung nicht herausfällt.

Dann die klein gewürfelten Schalotten und Knoblauchzehen in etwas Olivenöl in einer Pfanne anschwitzen und das Fleisch von allen Seiten scharf anbraten.

Den Ofen auf 150 °C Umluft vorheizen.

Für die Soße der Rouladen benötigst du das Suppengemüse und die Tomaten. Die restlichen Möhren mit einem Sparschäler in Streifen hobeln, den Knollensellerie in kleine Würfel und den Lauch in feine Ringe schneiden. Das Gemüse und die Tomaten nun in einer Auflaufform oder einem Bräter verteilen, dann das angebratene Fleisch auf das Gemüse legen und schon sind die Rouladen bereit für den Ofen. Die Rouladen dann für weitere 25 – 30 Minuten in den Ofen stellen!

Zu den Rouladen passen wunderbar leckere Semmel- oder Kartoffelknödel.

Geschmorte Rinderrouladen in Tomatensud

Stufe 3

Zubereitung *1 h 30 min*   Menge *2 Portionen*

VOGELFUTTER ALS GESCHENKIDEE

DIY

Am Anfang des Jahres haben die Vögel uns geweckt und uns Frühlingsgefühle geschenkt. Nun können wir ihnen etwas zurückgeben und ihnen helfen, gut durch die eisigen Wintermonate zu kommen.

Und so geht's

Erhitze das Kokosfett in einem Topf, sodass es schmilzt, aber nicht kocht. Gib dann noch 1 EL Pflanzenöl hinzu, damit das Futter bei kalten Temperaturen nicht zu hart wird.

Wir haben unser Futter selbst zusammengemischt, du kannst aber natürlich auch fertige Mischungen kaufen. Wenn du es selbst mischen möchtest, sollten auf jeden Fall Sonnenblumenkerne und Hanfkörner die Grundlage bilden, bei den weiteren Zutaten kannst du frei wählen. Gib nun die Körnermischung in das geschmolzene Fett und vermenge alles gut (Verhältnis ca. 1:1). Es sollte eine klebrige Masse entstehen, bei der die Samenmischung komplett mit Fett bedeckt ist.

Warte, bis die Masse etwas fester wird, aber noch gut formbar ist. Je kühler die Umgebung, umso schneller festigt sich das Fett. Drücke die Masse dann in deine Keksausstecher und stecke einen Zahnstocher mit hinein. Hier kannst du später ein kleines Band (am besten aus Naturmaterial) hindurchfädeln und das Futter aufhängen, nachdem das Fett komplett ausgehärtet ist.

Du brauchst

250 g Kokosfett
1 EL Pflanzenöl
Keksausstecher
Zahnstocher
Als Grundlage: Sonnenblumenkerne und Hanfkörner
Als Beimischungen: z.B. Hirse, Mohn, Bucheckern, Haferflocken, zerkleinerte Haselnüsse
Topf
Band / Faden

Hänge das Futter erst nach dem ersten Frost und bei mindestens −5 °C nach draußen, denn vorher finden die Vögel noch eigenständig Nahrung im Boden.

Bestimmt hat jeder von uns einen kleinen Herzenswunsch. Vor allem im Winter und beim Jahreswechsel denkt man mehr darüber nach, als sonst. Sorge mit unseren Knalltüten für gute Stimmung und glückliche Gesichter. Sie eignen sich super als Mitbringsel für Silvester, aber auch für jede andere Feier.

Und so geht's

Schneide die Tüten am oberen Ende auf die gleiche Höhe, fülle das Konfetti hinein und verschönere anschließend die Vorderseite.

Halbiere einen Strohhalm und stecke ihn zur Hälfte in die Tüte. Klebe diese nun von innen mit Kleber am oberen Rand zu. Anschließend kannst du es nochmal mit Washi Tape fixieren. Achte darauf, dass du die Klebestreifen an der oberen Kante umknickst — so wird alles etwas stabiler.

Schon sind deine Knalltüten fertig und bereit, Träume zu erfüllen. Dazu flüstert man einen Wunsch in die Tüte, pustet sie auf und lässt den Wunsch mit einem Knall und Konfettiregen frei!

Du brauchst

Butterbrotpapiertüten
Papierstrohhalme
Washi Tape
Kleber
Schere
Konfetti
Etikett

 Für die Gestaltung der Knalltüten haben wir ein Etikett für dich vorbereitet, welches du auf www.livesimply-bloomwildly.de/downloads kostenlos herunterladen kannst.

KNALLTÜTEN FÜR SILVESTER

DIY

Champignon-Spätzle-Pfännchen

200 g	Spätzle
100 g	Champignons
50 ml	Kochsahne
1 Handvoll	Petersilie
50 g	Reibekäse
	Chili
	Salz, Pfeffer

Und so geht's

Koche die Spätzle nach Anleitung und stelle sie in einer schönen Schüssel auf den Tisch. Champignons waschen und in kleine Würfel schneiden. Diese dann mit Kochsahne, Salz, Pfeffer und etwas Chili vermischen und in einer Schüssel auf den Tisch stellen. Jetzt kann sich jeder Gast das Champignon-Spätzle-Pfännchen selber zubereiten und Reibekäse oder auch den traditionellen Raclette-Käse über das Pfännchen streuen bzw. legen. Das fertige Pfännchen nur noch kurz unter den Raclette-Grill stellen, bis der Käse geschmolzen ist.

> Für eine vegane Variante können die Sahne und der Käse ganz einfach gegen pflanzliche Alternativen ausgetauscht werden.

Tortilla-Pfännchen

8 – 10	Kartoffeln
6	Eier
½	Zwiebel
1	Paprika
	Petersilie
	Raclette-Käse
	Muskatnuss
	Salz, Pfeffer

Und so geht's

Die Kartoffeln kochen und in einer Schüssel auf den Tisch stellen. Die Paprika waschen und in feine Würfel schneiden. Auch die Zwiebel in kleine, feine Würfel schneiden. Die Eier aufschlagen, verquirlen und mit der Paprika, der Zwiebel, Salz, Pfeffer und ein wenig geriebener Muskatnuss vermengen. Die Kartoffel in Scheiben schneiden, in ein Pfännchen legen und etwas von der Ei-Paprika-Mischung hinzugeben. Das Pfännchen für einen kurzen Moment in den Raclette-Grill stellen, bis das Ei anfängt zu stocken. Dann kann das Tortilla-Pfännchen mit etwas Raclette-Käse und Petersilie bestreut werden und nochmal für einen kurzen Moment unter den Raclette-Grill gestellt werden, bis der Käse geschmolzen ist.

Herzhafte Raclette-Variationen

Zubereitung *je 20 min*   Menge *8 – 10 Pfännchen*

Stufe 2

Früchte mit süßen Leckereien

125 g	Himbeeren
125 g	Heidelbeeren
1	Apfel
	Mini-Marshmallows
1	Tafel Schokolade (Weiß, Vollmilch oder Zartbitter)

Pfannkuchen mit Beeren

125 g	Mehl
125 ml	Milch
100 g	Zucker
1	Ei
125 g	Brombeeren
125 g	Heidelbeeren

Und so geht's

Einfach ein paar Beeren und 3 – 4 Apfelspalten auf das Raclette-Pfännchen legen und mit Mini-Marshmallows und Schokolade toppen.

Unter dem Raclette-Grill schmelzen die Marshmallows und die Schokolade ganz wunderbar und die Früchte werden leicht warm. Ein perfekter süßer Abschluss des Abends, der zudem nicht so schwer im Magen liegt.

Und so geht's

Der Pfannkuchen eignet sich auch gut als Süßspeise für den Raclette-Abend und du kannst den Teig super vorbereiten. Dazu Mehl, Milch, Zucker und das Ei miteinander vermengen, bis ein etwas zähflüssiger Teig entsteht. Wenn der Teig zu dick ist, einfach etwas mehr Milch dazugeben.

Die Beeren waschen, vorsichtig unter den Teig rühren und schon kann sich jeder seinen eigenen, kleinen Pfannkuchen im Raclette Pfännchen zubereiten.

Für einen veganen Pfannkuchen die Milch durch einen Pflanzendrink und das Ei durch 2 EL Apfelmus ersetzen.

Süße Raclette-Variationen

Stufe 1

Zubereitung 5 - 10 min   Menge 8 - 10 Pfännchen

S. No 131

Visit Germany

ALLGÄU

Wie stille, uralte Riesen ruhen die Berge. Sie thronen über allem in den Wolken, schauen in die Ferne — und verzaubern uns immer wieder bei ihrem Anblick.

Unsere längste Autofahrt von Münster aus führte uns in das Allgäu. Die Unterkunft, das Seehotel Schnäller in Rieden am Forggensee, erreichten wir demnach sehr spät am Abend. Wenn man die Berge dann zum ersten Mal erblickt und die Lichter der Berghütten leuchten sieht, kommt man aus dem Staunen nicht mehr heraus.

Am Samstagmorgen ging es wieder sehr früh los. Wie jedes Mal hat sich das Aufstehen aber gelohnt und in unserem Appartement besonders, denn direkt von unserem Balkon aus konnten wir den Forggensee und die dahinter liegenden Berge mit den weißen Gipfeln sehen.

Unser erster Stopp war das Schloss Neuschwanstein, ein märchenhaftes Schloss und eine der bekanntesten Sehenswürdigkeiten Deutschlands. Wir empfehlen dir auf jeden Fall, dich vorher auf der Homepage über aktuelle Meldungen zu informieren. Während unseres Besuchs waren leider einige Wege aufgrund des Wetters gesperrt und es gab keine Chance, die Marienbrücke mit dem besten Blick auf das Schloss zu erreichen. Wir sind also die normale Straße Richtung Schloss hochgelaufen. Hinter ein paar Baumspitzen konnten wir zum ersten Mal das märchenhafte Schloss mit der weißen Fassade, die sich im Winter perfekt in die Umgebung schmiegt, erblicken. Leider war auch um das Schloss herum einiges abgesperrt.

Schloss Neuschwanstein

N 47° 33' 27.266" O 10° 44' 59.28"

Highline 179

Direkt gegenüber vom Parkplatz P4 „Königsschlösser" liegt das Schloss Hohenschwangau, welches ebenfalls eine Besichtigung wert ist. Außerdem bist du von dort aus zu Fuß in zwei Minuten am schönen Alpsee, der auf seiner ruhigen Oberfläche die eingeschneiten Bergspitzen spiegelt. Dort kannst du einige Stunden verbringen und einen langen Spaziergang am See machen.

Ein kleiner Umweg und man ist in Österreich

Der zweite Stopp führte uns nach Österreich. Dort befindet sich kurz hinter der Grenze in Reutte die Highline 179 — eine ca. 406 Meter lange Hängeseilbrücke. Sie führt in einer Höhe von bis zu 114 Metern über die Fernpassstraße 179 und verbindet die Burgruinen Ehrenberg. Nach einem kleinen Aufstieg durch den Wald sind wir an der Burgruine angekommen. Von dort aus hatten wir eine Rundumsicht auf die umliegenden Berge und wollten uns am liebsten einfach nur hinsetzen und stundenlang die schöne Aussicht genießen. In der Nähe der Brücke gibt es einige Wanderwege, auf denen man die atemberaubende Natur bewundern kann.

FRISCHE BERGLUFT UND EINE ALTSTADT ZUM VERLIEBEN!

Das kleine Städtchen Füssen

Auf dem Rückweg haben wir noch einen Zwischenstopp beim Lechfall — in der Nähe von Füssen — eingelegt. Das türkisblaue Wasser, welches sich durch Felsen hindurch schlängelt und dann in einem breiten Wasserfall in die Tiefe stürzt, kann man von einer kleinen Brücke und vom Ufer aus anschauen. Dort kann man direkt an der Straße parken.

Auch die Altstadt von Füssen ist einen Besuch wert. Ein recht kleiner Ort mit viel Charme und einer sehr schönen Innenstadt mit bunten Fassaden.

Nach einem gemeinsamen Abendessen in Füssen ging es am nächsten Tag leider schon wieder zurück — auf einer sehr windigen Autofahrt mit acht Regenbögen. Und wir alle waren spätestens nach diesem Roadtrip verliebt — in die Berge, Bergseen und die atemberaubenden Aussichten.

Grundteig

250 g	Weizenmehl
200 g	Margarine
100 g	Puderzucker
1	Ei
1	Vanilleschote

Schokoladen-Keks

50 g	Schokolade

Zuckerguss-Keks

4 EL	Puderzucker
2 EL	Zitronensaft

Marmeladen-Keks

3 – 5 EL	Marmelade deiner Wahl

Und so geht's

Das Mehl mit der Margarine, dem Puderzucker und dem Ei in eine Schüssel geben. Das Vanillemark aus der Vanilleschote kratzen und zu den restlichen Zutaten in die Schüssel geben.
Alle Zutaten zu einem glatten Teig verkneten, zu einer Kugel formen und für 1 – 2 Stunden in den Kühlschrank legen. Den Teig anschließend in drei gleich große Stücke aufteilen.

Den Ofen auf 160 °C auf Ober- und Unterhitze vorheizen.

Für den Schokoladen-Keks etwas Schokolade in den Teig reiben und diesen nocheinmal gut durchkneten, ausrollen und anschließend mit Ausstechförmchen ausstechen.

Aus dem zweiten Stück des Teiges entstehen ganz einfache Ausstechplätzchen, die mit Zuckerguss verziert werden. Für den Zuckerguss Puderzucker und Zitronensaft vermischen und auf den fertig gebackenen Keksen verteilen.

Für die Marmeladenplätzchen wird der Teig zunächst ausgerollt und ausgestochen. In die ausgestochenen Kekse mit dem Finger eine leichte Kuhle in die Mitte drücken und mit Marmelade füllen. Du kannst beim Gestalten der Kekse super kreativ sein und sie verzieren ganz wie du magst.

Die Kekse müssen nun im Ofen für 5 – 10 Minuten (je nachdem wie dick der Teig ist) backen. In einer schönen Keksdose oder Papiertüte eignen sich die Kekse auch toll als kleine Geschenke.

Dreierlei Kekse aus einem Keksteig

Stufe 2

Zubereitung 3 h   Menge 30 – 50 Kekse

S. No 139

Backen

Neujahrs-Power-Smoothies

Zubereitung *je 5 min* / Menge *je 1 Glas à 400 ml*

Stufe 1

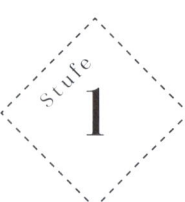

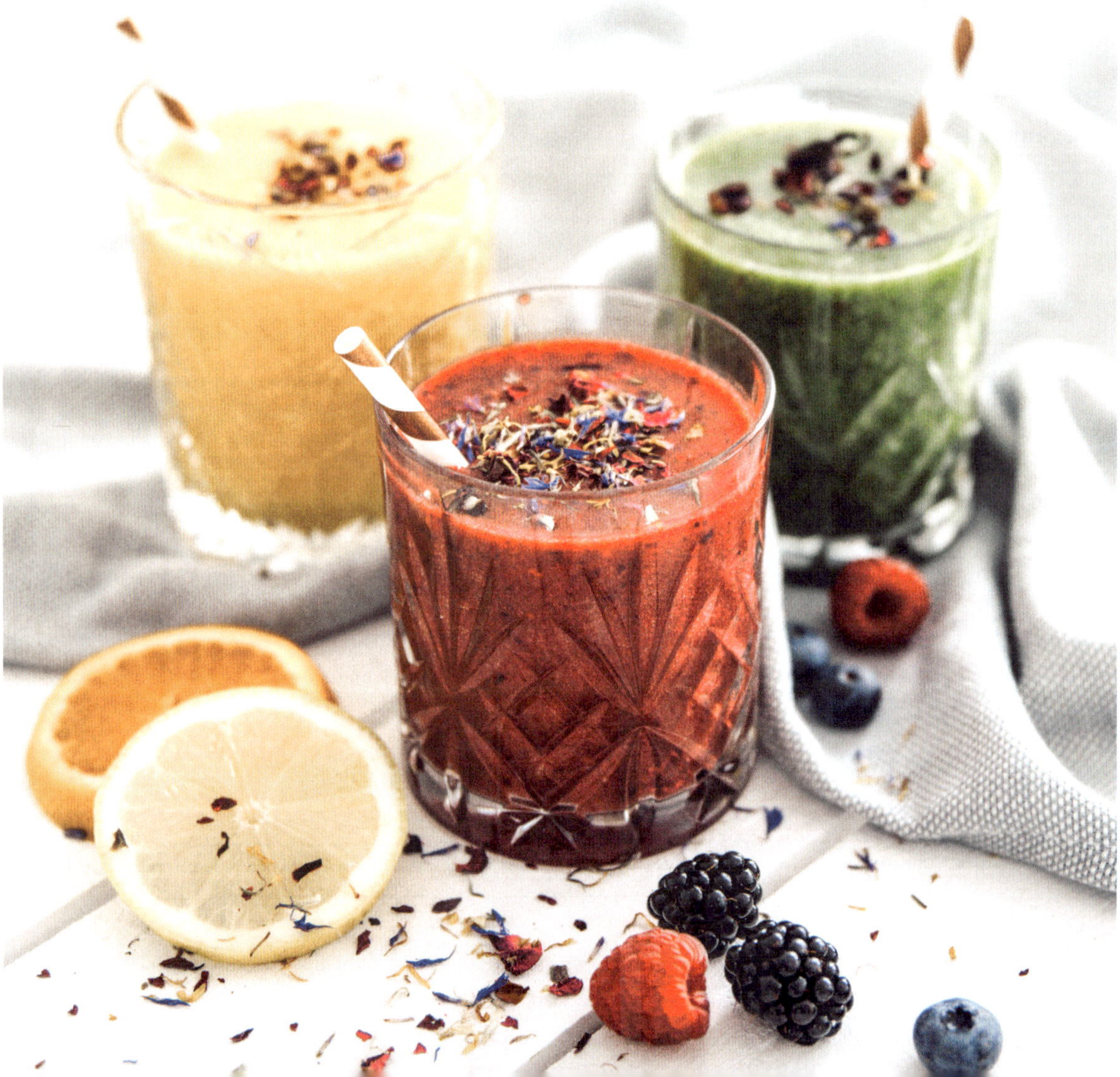

GELBE FRUCHT

½	reife Mango
½	Banane
300 ml	Orangensaft

ROTE BEEREN

1 Handvoll	Himbeeren
1 Handvoll	Brombeeren
1 Handvoll	Heidelbeeren
¼	Banane
200 ml	Orangensaft

GRÜNE VITAMINE

1 Handvoll	Blattspinat
2	Kiwis
1	geschälter Apfel
¼	geschälte Birne
¼	Banane
kleines Stück	Ingwer
150 ml	Orangensaft

Und so geht's

Je alle Zutaten in einen Standmixer oder Smoothie Maker geben und miteinander verblenden. Fertig!

Wer den Smoothie gerne etwas erfrischender mag, kann super gut Eiswürfel oder gefrorene Früchte dazu geben.

Was für ein aufregendes Abenteuer!

Und das sind wir!

LENA

Food Creation & Herbstkind

Schon während des Sommers ist die Freude auf den Herbst bei Lena wahnsinnig groß. In ihrer Lieblingsjahreszeit mag sie es vor allem, ihr Zuhause gemütlich zu gestalten und lange Waldspaziergänge zu machen, auf denen sie schon die ein oder andere Idee für ein leckeres Rezept hatte.

Instagram: @lenamarie08

JUDITH

Designerin & Schoko-Liebhaberin

Sie ist ein kreativer Chaoskopf mit einer Vorliebe für Schokokekse. Ob ein wundervolles Design für Papeterie, ein neues Deko-Konzept oder ein frischer Anstrich für die Wohnung — ihre Ideen setzt sie mit viel Liebe zum Detail um und das am liebsten sofort.

www.thelovelypeony.de
Instagram: @youdidx3

SABRINA

Texterin
& Tagträumerin

Fasziniert davon, wie viele Gefühle man mit Worten ausdrücken kann, wächst Sabrinas Zitatesammlung fast täglich. Beim Lesen schöner Texte taucht sie gerne in andere Welten ein und neu entdeckte Lieder können tagelang in Dauerschleife gespielt werden. Was dabei nicht fehlen darf: Kaffee.

Instagram: @theblondespark

MIRI

Fotografin
& Weltenbummlerin

Zusammen mit ihrer Kamera reist sie durchs Leben, ob in den heimischen Wäldern oder in der großen weiten Welt. Nichts inspiriert sie mehr als die Natur und das Licht, in all ihren Facetten und nichts macht sie glücklicher, als ihren Leidenschaften nachzugehen und ihren Träumen nachzujagen.

www.wildewerke.de
Instagram: @miam_

Danke!

Wir danken unseren Eltern und Freunden, die uns während unseres Projekts unterstützt, motiviert und ertragen haben, als unsere Nerven ab und zu mal mit uns durchgehen wollten.

An Heinen Lovebrands für die Möglichkeit, unser Herzensprojekt verwirklichen zu können und an Christina, die uns während der gesamten Zeit immer mit Rat und Tat zur Seite stand. Außerdem Jana und Svenja, die uns sehr bei der Korrektur geholfen haben.

Danke an alle Korrekturleser/-innen, die sich die Zeit für uns genommen haben und danke an alle, die uns manchmal in letzter Minute ihre Küchengeräte oder Utensilien ausgeliehen haben.

An Phil, Daniel und deren Eltern, die uns auf Langeoog aufgenommen, uns Tipps gegeben und mit uns die wunderschönen Momente am Strand festgehalten haben.

Danke an unsere @livesimply.bloomwildly Instagram Follower, die uns seit der ersten Sekunde liebe Worte hinterlassen und mit uns mitgefiebert haben.

Und Danke natürlich an dich — liebe/r Leser/in, dass du unseren kleinen Traum unterstützt.

Impressum

LAYOUT & ILLUSTRATION
Judith Frietsch

FOTOS
Miriam Bunse

Philipp & Daniel Behncke
(S. 35, 36, 37, 76)

TEXT
Sabrina Debus

REZEPTE
Lena Hölter

---

www.livesimply-bloomwildly.de
Instagram @livesimply.bloomwildly

ISBN 978-3-9821206-1-4

HEINEN LOVEBRANDS

1. Auflage | 08/2019
© Heinen Lovebrands Verlag
Ein Imprint der Heinen Lovebrands GmbH
Martin-Luther-King-Weg 26 | D-48155 Münster

Druck:
Rasch Druckerei & Verlag GmbH & Co. KG
Lindenstraße 47 | D-49565 Bramsche

Die Inhalte unserer Seiten wurden mit größter Sorgfalt erstellt. Für die Richtigkeit, Vollständigkeit und Aktualität der Inhalte können wir jedoch keine Gewähr übernehmen. Autoren und Verlag können für eventuell auftretende Fehler oder Schäden nicht haftbar gemacht werden. Die Inhalte sind urheberrechtlich geschützt — Vervielfältigung und Verbreitung ist, außer für nicht kommerzielle Zwecke, untersagt. Bei Bekanntwerden von entsprechenden Rechtsverletzungen werden wir diese Inhalte umgehend entfernen.